獻給為人際關係苦惱的你

最強最萌的心靈養護術

若我們能簡略而溫柔地，
解讀阿德勒心理學的本質
……

像貓咪般思考，
不論人際關係、自身性格、煩惱，
或者工作、戀愛、結婚、未來，
都會比現在順利許多，
也會變得更幸福。
我想傳達的就是這件事。

總是努力個不停的你呀！
都會比現在順利許多，

請稍微放掉肩上的重擔，
翻一翻這本書。

讓我們一起學習
貓咪般的思考方式吧！

前言

向貓咪看齊，人會活得更幸福

這陣子觀察下來，貓咪受歡迎的程度實在驚人。我總覺得除了單純「喜歡貓咪」、「貓比狗好養，在都市中也更適合養」之外，應該還有著某些因素，促使人們對貓咪如此魂牽夢縈。就好比以下幾點：

- 看著貓咪悠哉的模樣，心靈總能獲得喘息。
- 內心其實超渴望過貓咪般的生活。
- 實際養貓之後，經常感到很幸福。

貓咪平時總是悠然自得、我行我素，擅長享受獨處的時光，但又時常在不知不覺間跑來人類身旁磨蹭，意外地怕寂寞又愛撒嬌。對我們人類而言，貓咪或許是一種憧憬的對象——真希望自己也能活得這般自在。

另一種可能則是，當人身在都市叢林，高樓林立，總得受公司制度和社會他人所箝制；身在鄉下，窮鄉僻壤，又得受限於老舊傳統與制式常規——在這番「不自由的束縛」當中，貓咪或許幫助了我們的心靈，得以回歸泰然自若。

本書將會嘗試新的挑戰，同時探討貓咪和人類的種種情事。首先最重要的是——看著貓咪可愛的模樣，好好放鬆。接著，我期待大家在更瞭解貓咪的過程中，能夠加深對人類、尤其對於自身的理解，甩開肩上的負擔，愜意活出自我的樣貌。

本書旨在借鑑貓咪的生活之道，這套做法不算自我啟發，應該說是「貓咪啟發」才對（笑）。我會盡量避開心理學的艱澀詞彙及觀點，希望能幫助讀者從貓咪身上獲得療癒，怡然自得地學習，最終自身也獲得成長。這麼說起來，這或許是一本很貪心的書呢。

我希望平時在工作、家庭、人際關係中拚盡全力的各位都能獲得啟發，習得更輕鬆的思考方式，因而寫下了這些內容。希望大家都能一路看到最後。

那麼首先，我想簡單談談自己。將在書中實行這番新嘗試的我，究竟是何許人也？

我的職業可以稱為獸醫，但我所鑽研的方向，跟一般街坊巷弄中的獸醫師稍有不同。我的專業是「營養學」，尤其常替患有難治性疾病（大多是癌症或腎臟疾病）的貓狗施行飲食療養和營養療法。目前我常駐海外投身研究，希望開發出可供安心食用的寵物食品。

另一方面，我從相當早期——甚至比日本開始流行還要早，就已經在學習阿德勒心理

學，且持有相關執照。還待在日本的時期，亦曾運用這類心理學及營養學方面的研究心得，擔任頂尖運動員的營養指導員。能在奧運上場比賽的運動員，許多人的飲食都有所偏重，甚至近乎於「偏食」。想發揮出極限的能耐，這其實是必要之舉。當時我做的著這項特別的營養指導工作，之中也包含著心靈照護。

我同時接觸運動員以及在自然界中堅毅生存的動物，因而察覺到在阿德勒心理學中所謂「人為求活得更好的思考方式」，跟我平時所見的「貓咪生活之道」，其實有著難以計數的共通點。運動員生活於嚴苛對決的世界之中，受傷、失敗都是家常便飯，而且可以發現不少人的心思都很細膩。我對這類運動員的建議，都參考自阿德勒心理學和貓咪的生活之道。

本書將會談論「阿德勒心理學和貓咪的生活之道」，相信這個搭配，對所有領域中期待破浪前行、締造佳績的人，都能派上一些用場。

我們人生中的每一天都在吃苦，不算輕鬆。在貓咪的行事作風裡頭，潛藏著阿爾弗雷德．阿德勒，以及近年優秀諮商師的處事觀點。相信在感到痛苦、嚷嚷著「不想努力」的時刻，這些東西將能助我們保有身心靈的健全狀態。

一個人的想法和人生，或許很難說變就變。不過我想，若能借助阿德勒心理學和貓咪的力量，人其實可以更輕盈地過活，無需硬逼自己堅忍不拔。

我曾實際養過兩千多隻動物，其中包含二十多隻貓咪，身為獸醫師，在無數次接觸貓咪的過程當中，我逐漸瞭解到貓的本質、真實想法，以及貓與其他生物間的差異所在。而這些領悟，我都會在本書中傾囊相授。

我們也將從單純「喜歡貓咪」的境界進一步深入，探討貓咪跟其他生物的差別（獨特性）及優異（優越性）所在。相信光是閱讀了這個部分，你跟貓咪就能變得更親密，加深雙向的認識（另外，若想先瞭解貓咪的相關資訊，則請參照第188頁起的索引）。

「不願繼續壓抑忍耐」、「想活得再輕鬆一些」、「渴望有所突破」……如果這也是你所企盼的，就讓我們即刻踏上旅程，學習貓咪式的人生智慧吧！

在此，衷心期盼你以及你所飼養的貓咪，都能因此而變得更加幸福、快樂。

宿南 章

「貓德勒老師」向大家問好

各位好。

我是一隻專精於阿德勒心理學的貓咪、
也就是本書的嚮導——「貓德勒」。

現在正因焦慮、煎熬而深深苦惱的你，
將可以透過本書，認識我們貓咪的生活之道，
我期待你能獲得喘息、學習自由過活。

「輕盈自由」正是阿德勒所推薦的生活風格。

在人類繁盛至此之前，貓科動物曾經是地表最強物種。
我相信，剛當上地球霸主的人類，
將能從長年身為地表最強的貓科動物身上，學習到許多東西。
詳情將在本文中介紹。

其實心理學家阿爾弗雷德・阿德勒
及現代心理學、現代諮商的思考方式，
跟貓咪的生活風格在許多層面非常相近。

等你讀完這本書，
除了自身能力和經濟能力之外，
相信包括內心的自處，必定都會比目前更有彈性，
得以具備正牌「地球霸主」的風範。

人類無疑是當今地表最強、最活躍的物種。
既然如此，每一個人的生活方式、心靈強度
也該比現在再更有餘裕一些才對！
（畢竟每一個人都是地表最強的生物喔～）
那麼就讓我們踏上旅程，讓貓咪的思維成為人生智慧，出發！

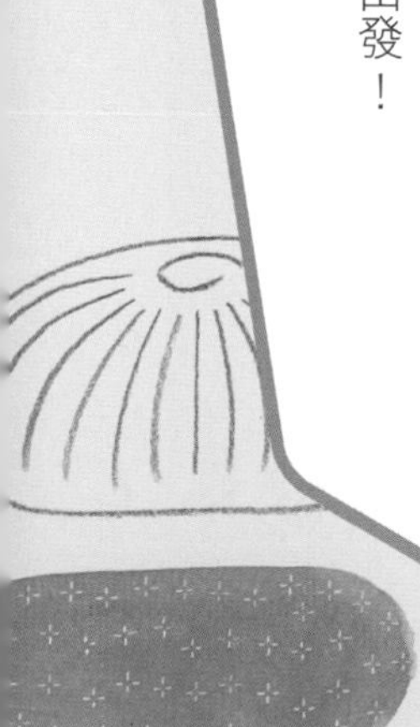

目次

1 愜意度過每一天的訣竅

Contents

2

思考「該怎麼做才能比現在更快樂」

3

擺脫「每天都被催促、過度拚命」，變得更自由

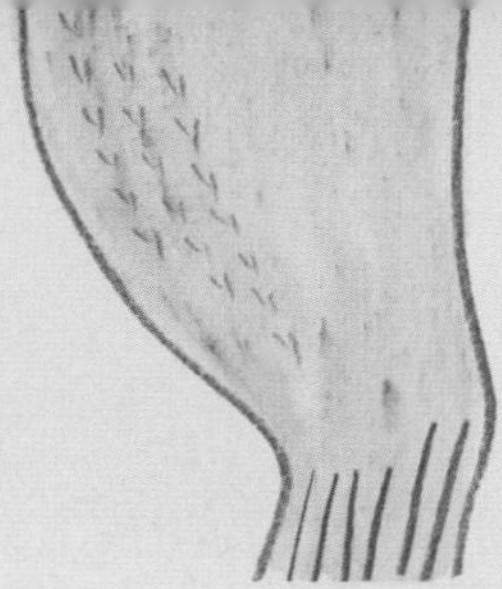

4

應付「對於未來的不安」

1

愜意度過每一天的訣竅

Adler&cat Psychology

愉快過活

貓咪很享受「一個人」

我很怕被別人討厭，
總是怕東怕西、綁手綁腳，
勉強配合別人。
好想再過得輕鬆一點喔……

據說人有80%的煩惱都來自人際關係。
因此對人際關係感到困擾，其實是再自然不過的事。
所以你應該先明白，其實**大家也都在煩惱**啦喵~
接著就試著仿效貓咪的生活之道，
自由自在、我行我素，仍然可以備受喜愛喵！

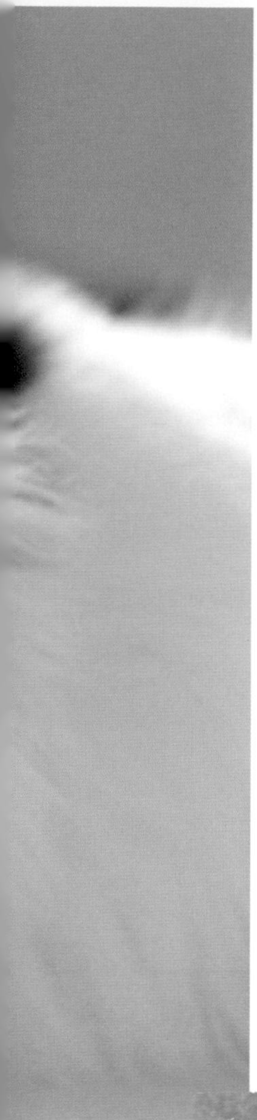

貓德勒老師的建議

如果你是一隻貓，會獨自做些什麼呢？曬太陽？睡午覺？悠哉散步？去跟附近的貓咪打照面？
請一邊懶洋洋地待著，試想如果「個人時間」能夠稍微增加，你想做些什麼？你看，心情是不是稍微變好了呢？

獨處時能自得其樂的人，
也能在歡聚時光得到滿足。

每當走在街上，我總會驚訝地發現，好多人都繃著一張臉。獨自行走時並不需要展露笑容，但不少人卻都直接將「不愉快」、「疲倦」、「憂鬱」寫在臉上。

越是這樣的人，越該找機會學學貓咪喔！但話說回來，為什麼我們人類只要學習貓咪智慧就能變幸福呢？我認為原因如下。

貓科動物跟人類是採取了完全相反的生存策略存活至今。人類使用火和工具，齊心一力建構社會，開拓出了物種的繁榮。「高度學習能力」是人類的一個優勢，要說當今的人類是「地表霸主」也不為過。

另一方面，貓科動物則是因個體各自磨練出高度能力，而得以欣欣向榮的物種。貓科動物在人類稱霸地表之前，有長達三千萬年的時間，都稱得上是這顆星球的王者。除去獅子等部分類型，貓科動物不靠結群，多是仰賴著個別的狩獵能力而達到繁榮發展。

那番能力，就連我們人類都會為之瞠目結舌、戒慎恐懼，一直到短短數十年前，一隻貓科動物就滅亡人類村落的悲慘新聞、為了捕捉入侵鄉里的花豹而出動軍隊等等傳聞，都曾不絕於耳。

即使在進入千禧年之後，在尼泊爾也曾有十多名孩童遭花豹襲擊而喪失生命。光憑這些，我們就能說貓科動物具有高度本領，對人類而言是種威脅（雖說當今人類殺害貓科動物的情事，其實遠勝於此……）。

現今，我們所抱持的諸多煩惱，都是源自跟周遭人群的關係。人是不結群就無法生存的物種，但這個群體已然變得更大、更複雜，使煩惱日漸增生，每項煩惱也變得事關重大。我想正因此刻處於這樣的狀態，具有高度學習能力的人類，才更該學習貓科動物的生活之道和強項，讓目前的生活獲得更多改善。

本書很適合以下這些人閱讀：

- 在日常中，常因人際關係感到壓力和煩惱的人。
- 無法對討厭的事情說不、習慣選擇忍耐的人。
- 缺乏勇氣邁向自己真正喜歡的生活方式的人。

想選擇讓自己感覺更滿足、更幸福的生活方式的人。

我要再次重申，人類目前是地球表面的支配者，擁有最為強大的力量。儘管如此，許多人卻總是有所畏懼與顧忌，持續過著消耗心神卻無法選擇自由過活的狀態。

若你覺得人類在地球上的霸主地位，跟自己每天的處境有著落差，哪怕只有一絲絲，那麼這本書或許就能派上用場。

一個人的時光也很重要。

瞭解貓咪情緒的「尾巴測量儀」

在本書中，除了人類的思考方式之外，我也想極盡所能傳遞許多「貓咪情報」。首先在這裡，我要說明理解貓咪感受、情感、思維的方法。

貓咪非常擅長隱藏自己的情緒和感受。相信許多人都有經驗，在貓咪心情不好時靠近互動，結果受到了冷淡的對待。

其實就算是貓咪，情感也會稍微顯露於外。但並不是顯現在神情或叫聲上。大家猜猜是哪個部位？

答案就是尾巴。要判斷貓咪的心情好壞，看尾巴最方便，因此我都稱之為「情感測量儀」。貓咪的尾巴有如測量儀，跟心情是連動的。

首先，心情好的時候，尾巴會直挺翹起。

如果貓咪將直立的尾巴稍微迎向人類這側，一邊主動走來，就表示抱持親近和撒嬌的心情。此時若能陪在貓咪身旁，相信會獲得比平時更親密的交流。

隨著尾巴測量儀的高度降低，也就代表心情逐漸變差。一般狀態下，尾巴都會隨意地垂放著。想找貓咪玩卻被當成隱形人，或許就是因為錯選了這種時刻。

如果尾巴不只垂下，還捲入了後腳之間，就代表這隻貓咪相當緊張。正如「夾著尾巴逃跑」這句說法，此時的心情是害怕、想逃跑。再怎麼搞不清楚狀況，都不該在此時猛然靠近貓咪。

另外，當貓咪躺著或坐著的時候，如果尾巴啪答啪答地拍打著，就是焦躁的跡象。就算平時跟貓咪感情很好，此時也該讓牠自己靜一靜（如果這個情形發生在生了小貓的母貓身上，則有可能是在訓練幼貓狩獵。讓幼貓跟拍動的尾巴嬉戲，藉以鍛鍊反射神經和狩獵能力）。

當尾巴膨脹炸毛，就是準備戰鬥的徵兆。貓咪為求讓身體看起來更巨大，所以膨脹了尾巴。不過尾巴炸毛的狀態，在戰鬥意志的背後，其實也經常藏有恐懼。攻擊性和恐懼，向來是一體兩面。不懂得畏懼對手就發動攻擊的個體，將會敗下陣來，難以在自然界中存活下去。正因如此，即使貓咪脹起了尾巴，內心其實還是隱藏著「這場架一定要打嗎」、「我好怕怕」等情緒，請多多體察。

如此這般，透過「尾巴測量儀」，我們就能在某種程度上觀察出貓咪的心情。正因為貓咪擅長隱藏內心的盤算，我們更是不能放過微小的變化。

對貓咪而言，尾巴算是「透露得比說的還要多」的神祕存在。

理解自己並培養勇氣

貓咪很我行我素？

貓的勒～
根本就沒人瞭解真正的我……
如果自己能夠瞭解自己，
不就已經很足夠了喵？

貓德勒老師的建議

最能理解自己的那個人，就是「自己」。阿德勒希望大家都能擁有激勵自己的口頭禪，這稱為**「培養勇氣」**。貓咪在稍有不安的時刻，同樣也會努力告訴自己「辦得到、沒問題的！」（應該啦～）

你怎麼了呀？
不要緊。
辦得到、辦得到！

「沒人瞭解自己」，你家貓咪或許也有相同的煩惱。越是認真的飼主，越會認真閱讀「貓咪飼養法」的書籍，或乖乖遵守獸醫師的叮囑，但這有時候反倒會讓最重視的貓咪寶貝感到窘迫。

貓咪是每一隻都有著極大差別的動物。遺傳層面的多元性，使得每隻貓咪「簡直全然不同」，因此「貓咪飼養法」也就不太能歸整出一套公式。

跟貓咪接觸的經驗越是豐富，相信就越能切身體悟到難以輕易給出「貓咪這樣照顧就行了」的籠統建議。

好比說在貓咪飼養書籍之中，會寫著這樣的內容：

- 貓咪只有自己一隻也不會苦悶。
- 不能餵食蝦子、烏賊等。

試著詢問開業的獸醫師，或許還會獲得相同的答案。

確實，這些是（人類認為）多數貓咪所共通的特徵。不過，這些特徵是否也合乎你家貓咪，就是另一個問題了。

更甚於此，光從身體特徵來看，每一隻貓咪也同樣性格多元。

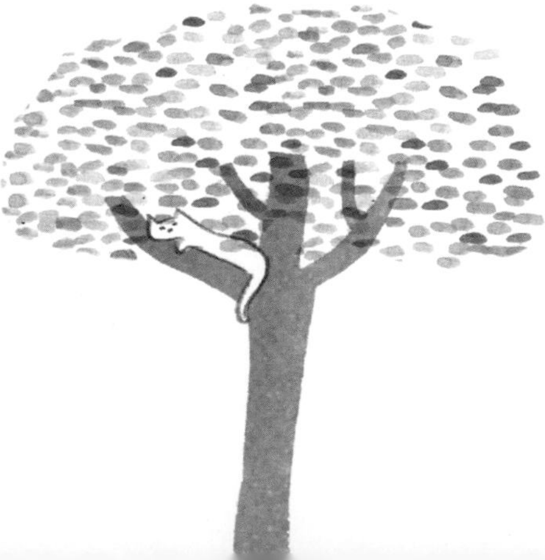

話雖突然，但大家知道貓咪有幾根趾頭嗎？

基本上是前腳五根、後腳四根。不過若將貓咪一隻一隻捉起來確認，無疑會遇見既非五根、也非四根的孩子。六根、有時甚至七根都不算罕見。這在貓咪之中相當普遍。

如此這般，個體差異幅度極大，就是貓咪的特徵。因此懇請飼主記得「認真觀察、用心瞭解」你所飼養的貓咪。而就算貓咪做出跟獸醫師所述、跟書中所寫不盡相同的行為，只要不至危險，我想還是應該尊重貓咪本身的選擇和喜好。

飼主是最能瞭解貓咪的人。請好好觀察家中的貓咪，並要經常換位思考「換作我家孩子又是如何呢？」身為獸醫師的我要告訴大家一件事：貓咪的事情，請不要只聽獸醫師的話（笑）。畢竟，總是跟家中貓咪待在一起的飼主你，應該才是最懂牠的那個人。

順帶一提，這條「貓咪法則」並不適用於狗兒。狗兒是不太有例外的一種動物，因此請好好聽從飼養書籍和獸醫師的指示。

AMÉLIE
アメリ
KINFOLK
HARRY POTTER
and the Philosopher's Stone
J.K.ROWLING

我前面一直寫到「每隻貓咪都不一樣，要好好尊重不同的個性」，但這件事情說起來，對我們人類其實也算理所當然。就算讀了指導溝通方法的書籍，試著拿著裡頭所寫的問題去問人，仍有可能得出異於書中解答、超出預料之外的反應。

帶小孩也是一樣，哪怕讀了多少書、聽從專家的意見，完全不適用於自家小孩的情形，相信也是所在多有。在這種時候，也就只能視對方的反應隨機應變了（在貓咪身上，這種「超出預料之外的反應」範圍極大，因此不論如何總會吃驚不已）。

就算住在一起，不論貓咪或人類，要理解對方真正的想法，本來就很困難。這是因為不論貓咪或人類都很有個性、充滿魅力。這樣一想之後，人類覺得「都沒有人瞭解我」，其實可以算是相當奢侈的煩惱了呢。

在煩惱不被瞭解之前，要不要先試著從瞭解你家貓咪，以及周遭人群開始做起呢？這也等同於在認同各不相同的性格和魅力——也就是認同彼此之間的差異。

每隻貓咪都擁有「個人領域」

你聽過「在地貓」這個詞彙嗎？它是指不定居在特定飼主家中，會到各個家庭露臉的貓咪。如同「在地」一詞所指，貓咪會待在落地生根的地區，別說數年，甚至會居住好幾個世代。

經過這番描述，許多人都會這樣詮釋：「那『在地』就等同於那隻貓貓的地盤吧？」

但我們心中所想的「地盤」，跟貓咪對「勢力範圍」的認知往往大異其趣，因此若想正確地瞭解貓咪，我覺得還是少使用這個詞會比較好。

一般我們談到「地盤」之際，大致上總會伴隨著「擴張」、「搶奪」等印象。說著「這裡是我們的地盤啦！」將入侵的他方給驅逐出去，帶給人一種強勢且負面的印象。

不過貓咪的勢力範圍，卻完全是另一回事。所以在這裡，就讓我們先用「住處」一詞，來談論貓咪的勢力範圍吧。

貓咪所會守護的「住處」，是「自身生存所需最小限度的場所」。也就是「既不需要盲目地試圖擴張，也不必要積極搶奪其他貓咪的空間」。感覺上很接近我們的「自己家裡」。

待在該處保有食物，為了幸福存活所需最小限度、自身所抱有感情的地方，才是貓咪的「住處」。

對了，貓咪是母系社會，住處經常會一代傳一代，由母貓繼承給女兒。貓咪一次可產下多隻雄貓的後代，因此家庭是由母親的基因所維繫（參照第116頁）。求偶時是由雄貓循味前往雌貓的「住處」。這樣的價值觀，或許很接近以訪妻婚為主流的《源氏物語》。

每逢戀愛的季節，雄貓似乎都會積極接近數隻雌貓的「住處」。感覺就像雄貓四處流連於各隻雌貓的小小「住處」那般。

養在室內的貓咪會將家裡當成「舒適的場所」，地方上有人餵養的貓咪則會將該地區視為「舒適的場所」，各自居於其中。

另外，貓咪不僅各自有著住處，地方上的貓咪們亦會擁有群聚用的共享地點，在該處定期展開「貓咪聚會」。

聚會時並沒有特定要做什麼，只是單純集合坐著，是個隱微的共同體。在聚會當中，貓咪們確認著重要的事情：大家不會彼此傷害、過度控管，而會彼此尊重，攜手面對外界的危險，守護我們自己的住處。

與人往來的訣竅

貓咪不會掩飾「厭惡」

我很不擅長交際，
有沒有什麼方法
可以跟大家好好相處呢？

只要不傷害自己和對方，
就OK了喵。
不必去想應該表現得多出色！

貓德勒老師的建議

「不傷害他人，不損及自己」。只要能夠遵守這一條，人際關係就會一路通暢。對於拚命在意周遭反應、對自己很嚴格的人，貓咪的社交技巧將是一劑特效藥。

朋友少少的人，
也可以很幸福歐！

近來，人們總認為擅長社交利大於弊。

舉例而言，你是否就認為朋友多比少好、廣結人脈最重要？處於這般交際往來的狀態，自己覺得舒服那倒還好，但若這令你有些疲倦……

人稱受到阿德勒心理學影響的溝通分析諮商學派，認為以下兩點相當重要：

- 不過度配合外界，容許「自由的自己」。
- 減緩自我批判、自我責備，要稱讚自己。

若你對勤快社交已經感到疲乏，或許現在最該做的是檢視上述兩點，重新調整狀態。

既然如此，就讓我們試著來探討貓咪風格的社交方式。

走在家附近，上週曾經見過的貓，現在再次碰面了。上週貓咪曾經靠過來任人撫摸，這週卻是愛理不理。該不會是忘記我了吧？或許你會這樣想。

不過貓咪其實是記性極佳的動物。因此多數時候，就算只見過一次面，時隔約莫一週，還是可以輕輕鬆鬆記在心頭。實際上，貓咪的記憶力好得出奇，我認識一位朋

友，曾經代人照顧新生數月的虎斑貓短短兩個月，其後就沒再跟貓咪見過面，然而十四年後重逢之際，貓咪卻還記得一切，據說仍舊相當親近地跑上前來。在貓咪的世界，這種事情並不算罕見。

對貓咪而言的十四年，換算成人類的時間，等同於睽違數十年的重逢（參照第40頁）。只要曾經認定為「重要的人」，不論過了多久的時間，都不會拋諸腦後。

但話說回來，為什麼我們會知道，那隻虎斑貓還記得十四年前的飼主呢？據說那隻虎斑貓不太親人，連坐在人的大腿上都不願意。然而碰到十四年後重逢的前飼主時，牠卻毫不猶豫地跳到了對方腿上（對現任飼主而言，這可能相當五味雜陳）。

喜歡或討厭、親人或不親，本來就是這麼一回事。有些時候，我們會拚了命地想去回應雙親的期待、夥伴的期待、他人的期待。實際上明明不喜歡，卻假裝喜歡；其實明明不想要，卻裝出高興的樣子給別人看……就是因為做了太多這樣的事，才會覺得有些難受。

盲目滿足他人期待的人生，終將難以孕育自身的幸福與滿足。

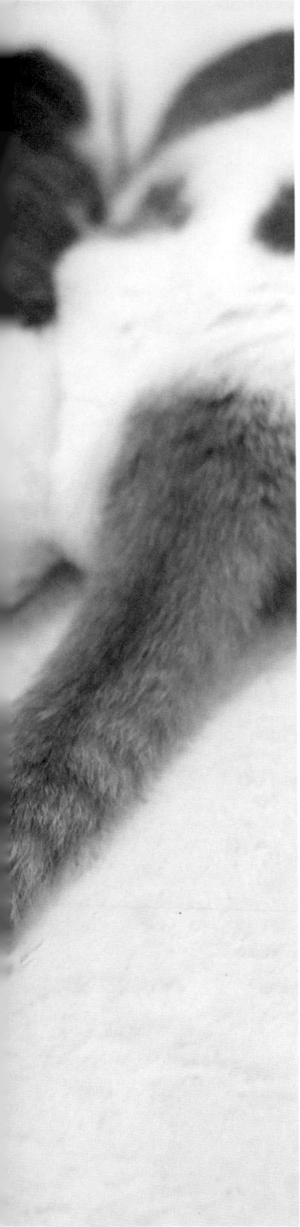

只曉得重視別人的人生，在心理學中視為**「共依附」**，是一種稍不健全的關係。如果對象是酒精，便是「酒精依存」；對象是藥物，則是「藥物依存」等。這些狀態極度不健康，相當容易成為壓力來源。

在這類時刻尋回自我的方法，阿德勒稱為**「培養勇氣」**，是從自身內在層面導出想做之事的支持技巧。

在過度尊重他人而感到有負擔的時候，請想像自己化身貓咪思維，嘗試思考：「說真的，真實的我想怎麼做呢？」

不過，就算是為了自己想做的事，也不代表就能任性妄為造成他人的困擾。

人類原本就會創建群體一同生活，因此不該忘記這份「**社會情懷**」（Social Interest），也就是自身和他人都能獲得幸福、滿足的狀態。

想對這部分深入瞭解的人，我建議尋求心理學專業書籍，但說得簡單點，只要不傷害他人、不損及自己，要做什麼都可以。

你家貓咪「實際上」是幾歲？（年齡算法）

貓咪歲數的計算方式，跟人類大相逕庭。

首先貓咪在出生後約莫一年就會成年。以人類的年齡來看，出生一年後就像長到了十八歲左右。其後則可視為逐年增加約四．七歲。

因此，活了五年的貓咪，換算成人類的年齡，就像❶這樣。

從第2年起是粗略的歲數換算，這是以「人類平均壽命÷貓咪平均壽命」而得。以日本人的平均壽命84歲跟家貓的平均壽命15歲為例，計算過程如❷所示（兩個數字分別減去18和1，是為了將第一年分開計算）。

貓咪的年齡大致上可以採用這種算法，但成長和老化的速度，每隻個體多少會有落差，野貓和家貓的平均壽命亦是天差地遠。此外按照國外標準，人類的平均壽命會取在75歲上下，跟日本人對年齡的認知頗具差異。

但不需要太過斤斤計較，只要能大致換算年齡就行了。

❶

18（最初的第1年）＋ 4年 × 4.7 ≒ 37歲

❷

（84-18）÷（15-1）≒ 4.7

將貓咪的年齡換算為人類……

1歲	18歲
2歲	18+4.7=**22.7**歲
3歲	18+9.4=**27.4**歲
4歲	18+14.1=**32.1**歲
5歲	18+18.8=**36.8**歲
6歲	18+23.5=**41.5**歲
7歲	18+28.2=**46.2**歲
8歲	18+32.9=**50.9**歲
9歲	18+37.6=**55.6**歲
10歲	18+42.3=**60.3**歲
15歲	18+65.8=**83.8**歲
20歲	18+89.3=**107.3**歲
25歲	18+112.8=**130.8**歲

「不看場合」的勇氣

貓咪敢於讓人期待落空

一直考慮對方的心情，
一直看場合，
真的讓我累翻了。

人類這種生物跟貓咪不一樣，
就算讀不懂對方的想法，
也是理所當然的喵。

貓德勒老師的建議

相較於其他各種動物，人類這種生物「不說出來就搞不懂的事情」，壓倒性多出許多。這點跟「能夠讀懂對方心思」的貓咪大不相同。因此像是「希望別人理解我的心情」、「回應無聲的期待」，人類本來就辦不到！別總是看著別人的臉色，好好思考自己想要怎麼樣吧。

能夠滿足自身情緒需求的人，
不是別人，
而是自己！

人們經常會說「應該換位思考，想一想對方的心情」之類的話。

尤其當人際關係不甚順利，就會聽見這樣的話。另外，不少人也相當害怕會做出「不合時宜的言行」。

在這之中所講究的「體察對方心情的能力」、「懂得看場合的能力」，是人類在進化過程之中，為求存活所發展出來的東西。然而這類能力都尚未發展完全，無法盡善盡美，因而成了我們煩惱的根由。

倘若我說溝通上的煩惱，其實正是因為「我們是智人」，大家或許就能夠理解，為什麼人類非得如此煩惱人際關係，並奮力求解。因為「人類打從一開始就無法相互理解」，所以才會試圖去克服。這明明是我們這個物種所不擅長的領域，而且也已成為努力的目標了，如果還去責怪自己沒能事事完美，簡直就像搬石頭砸自己的腳。

又說，這種煩惱真的只有智人才有嗎？讓我們來看一看其他動物的狀況吧。

首先是以狼為首的犬科動物。牠們結群而居，行團隊狩獵。在打獵的當下，沒辦法逐一討論移動方式等細節，因此犬科動物會彼此解讀夥伴們的情緒，彷彿懂得讀心。實際上，不擅長團隊合作的個體，就只能離群索居，因此唯有擅長團隊合作的個體，逐漸留下了子孫。

接著來談貓科動物。除了獅子之外，牠們基本上都是獨自居住與狩獵。這是因為單獨行動可以獨占自己的獵物，獲得更大的分量。不過，團隊合作狩獵的成功率，明明比較高才對。實際上，哪怕是犬科動物決定獨自狩獵，也幾乎可以保證會因找不到食物而餓死。

那為何貓科動物會選擇獨自狩獵呢？

因為不擅長溝通嗎？

不不不，才沒有那回事。

這是因為貓科動物有個強項，能夠「不被對方發現自身的思緒和行動」。

看過貓科動物的狩獵情景，就會發現除了我們所想像的「鎖定後捕捉獵物」之外，牠們還有一套狩獵手法：在展開狩獵的前夕，貓咪會一副彷彿還沒發現獵物，又或者看似全然不感興趣的模樣，隨後再冷不防撲上前去。

THU
AUG

貓咪擁有
洞察一切的眼眸。

貓咪雖然一副若無其事的樣子，其實早就盯上了獵物，腦袋裡做著各式各樣的盤算，包括：草食動物的行為模式、感知危機後會如何移動、屆時又會朝著哪個方向如何逃跑、而能夠成功捕獲的機率又有多少。

如此這般，貓科動物一方面會預測獵物的走向以採取行動，同時還能不被對方察覺自己的意圖，因而得以站上掠食者的頂點。

像這樣「一邊解讀對方的情緒，同時不洩漏出自身的想法」，可說是貓科動物最大的特徵。基本上牠們連眼球都不會移動，因此就連牠們正在看向何方，都難以從旁判斷。

同樣地，我想貓咪對於人類所說的話也幾乎都懂，但卻完全不會顯露洩漏些許的跡象，選擇了我行我素、唯我獨尊（笑）。就算明白了對方的想法，仍能像不曉得般刻意無視，這也算是貓咪的家常便飯。即使一邊喊著貓咪的名字、四處尋找，也完全看不到貓影。這背後其實就是這麼一回事。

就算解讀出了對方的思緒，仍會將自身想法充分藏好。這正是貓科動物本能上的強大之處，是能夠綿延長存的一種能力。

那麼，讓我們將話題轉回人類身上。我們人類，基本上沒辦法讀出對方的思緒。我們為此發展出了表情、語言藉以溝通，但這仍然不足以幫助我們瞭解彼此。從人類開始使用「語言」至今，也已經過了數萬年，就算能傳遞大量的情報，但要「正確傳達」有多困難，相信各位必定心知肚明。尤其形容詞、副詞，由不同人所做出的詮釋，有可能會南轅北轍。就算被要求「馬上」完成工作，真正做完的時間點，人人各不相同（苦笑）。

這可以說在某種意義上，人類「不經細膩說明、思忖語言就無法理解的事情，絕對比其他各種動物多上許多」。若將之想成人類的一種特徵，那無法精確掌握對方的心情、沒能看對場合，本來也就是沒辦法的事。

就算不明白對方的心情，也別耿耿於懷。相應地，我們也不能冀望對方「不透過語言或表情，就該理解我的心情！」想要靈活掌握人類的溝通風格，我想這或許就是訣竅所在。

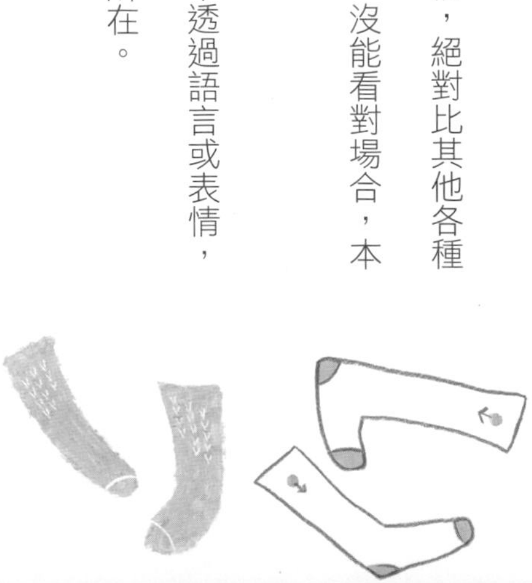

自我中心與包容忍讓的平衡

貓咪就是愛自由

我希望齊心協力把事情處理妥當，
但所有人卻都只顧自己方便，
讓我覺得好煩躁。

如果能夠確實抵達終點，
不論走哪條路，
應該都可以吧喵？

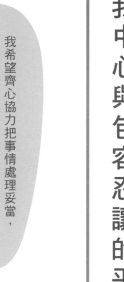

貓德勒老師的建議

別全盤接受群體與社會的規範、氣氛，也該好好重視自己的想法與感受。正因為世上有著各種類型的人，很多時候事情也才能順利進行。

多樣性，其實才是一種強大。

「明明已經訂好做事的方法，卻有人『吾道一以貫之』，讓我覺得好煩。」

「周遭的人全都獨善其身，這種態度我看不慣。」

你有著類似的煩惱嗎？若我們人類希望彼此尊重、流暢推進事物，公司的規範、世間的禮儀必不可少。

但若就動物的立場切入，透過規則過分管控，其實反而是值得害怕的一種局面。沒錯，超出限度的規範和禮儀，其威力之強，甚至能造成一個物種的滅絕。

話雖突然，你認為若某種生物要將物種延續到下一個世代，最重要的是什麼呢？

答案是「遺傳多樣性」。在同一物種之中，必須有具備各類性質的個體，才有辦法面對環境變化等諸多風險。多樣性一旦下降就無法復原，光是變差一次，就可能使整個物種直奔滅絕，足見它有多重要。

在澳洲的塔斯馬尼亞島，有著全球最大型肉食有袋動物「袋獾」（別稱「塔斯馬尼亞惡魔」）。這是外觀很像小型黑熊的一種動物。袋獾曾因人類濫捕（被誤會可能襲擊家畜而遭

撲殺），個體數量一度大幅銳減。其後，動物保護活動開始消弭人們的誤解，其個體數量因而暫時增加，但實際上，這整個物種卻已受到傳染性的腫瘤纏身，面臨著滅絕的危機。

袋獾之所以無力抵抗這種傳染性腫瘤，原因其來有自。在個體數量——亦即遺傳多樣性——極度下降之際，身上基因足以對抗此種腫瘤的袋獾，早就已經死絕了。其後就算個體數量回升，喪失掉的基因也找不回來。這種疾病已在袋獾間演變成大流行，目前預測袋獾將在五十年後滅絕殆盡。

美國的美洲野牛和中國的貓熊等動物，所處情況也是一樣。只要曾一次減少約一千隻的個體數量，就會喪失遺傳多樣性。其後就算動物保護活動出手相助，即使能夠回歸瀕臨滅絕前的個體數量，絕種的風險也已經飛漲至一百倍以上。

實際上包括人類，同樣有著滅絕的風險。我們在約莫七萬年前，個體數量曾經銳減至兩千萬人左右。換言之，人類的遺傳多樣性，並不若表面（例如膚色、體格等差異）那般豐富。我們之所以會畏懼新型流感、伊波拉病毒的大流行（全球大流行），就是因為在遺傳上，全體人類都很相仿。

「多樣性」除了遺傳層面，在社會生活當中也很重要。想要延續、持續發展社會和組織等，多樣性稱得上是不可或缺的一個要素。雖然這是極端的例子，假設有間公司的社長是個工作狂，超愛假日出勤跟加班。假定員工也全體都是工作狂，願意二十四小時不眠不休地工作，那狀況將是如何？

業績或許會有暫時性的成長，但相信總有一天，終究會跟不上世間的變化和潮流。全員都以相同幹勁、朝著同一方向全力奔馳的組織，是很危險的。又或者，當碰到睡眠不足就會凶猛作用的新種病毒開始在局部地區肆虐，這間公司的員工就會全體病倒，導致公司無以為繼。

在業務內容方面，道理也是一樣。訂定一種做法，讓大家全都照著做，在效率層面上是相當有益。不過，一旦抹去了其他全數做法，只統合成一種選項，就不可能再回歸原本的多元狀態了。

整齊劃一、貫徹並守護規範，確實有其好處。但若希望具特定規模的組織能夠更加邁進、豐盈發展，不適合單一做法的人、不想遵守規範的人，仍然有存在的必要。

縱使如此，假如是工作上非遵守不可的規範，我建議可以試著去確認，為什麼有人不願意採行該種做法。若能避免責備，拿出傾聽意見的姿態，說不定就能發現員工所在意的重點，以及你所遺漏的一些東西。

當你被夾在規範和多樣性之間左右為難，不妨先試著思考自己六十歲時想要成就怎樣的事物、這個社會和組織在二十年後能對全人類產生何種貢獻。嘗試思索現有規範是否合乎道理，相信就可以開啟全新的可能。

值得推薦的貓咪工作法

如同前述，我為了開發寵物食品，而將活動據點移至了國外。嘗試改換生活據點之後，我感覺國外的工作方式，跟我在第32頁介紹過的貓咪「住處聚會」非常相似。

在日本人的眼中，或許會覺得歐美社會信仰「本位主義」，並沒有橫向或整體社會的連結，但這是極大的誤會。

在歐美的社會風格當中，各自工作的責任和成果皆很明確（即住處的思維）。相反地，他們在週末等時刻則會頻繁地相聚，舉辦派對、烤肉、餐會等活動。超越「單位」和「部門」的隔閡，負責財務的人、負責業務的人、負責製造的人全都聚在一起，歡樂地交換資訊。跨越「公司」框架的集會，同樣所在多有。擁有責任和成果的個體，舒暢地構築起了一個共同體（即聚會的思維）。

看過這類聚會後，我才漸漸看清，實際上日本公司所重視的，僅僅是自身團隊、部門和單位，人們很難掌控到整間公司的情形。日本對此的因應方式是所謂的職務輪調，也就是每隔幾年就調動所屬單位的做法，但即便如此，要理解整間公司，大概還是需要花費數十年左右。

歐美習慣每月舉辦數次跨越部門、單位、公司的派對或餐會，於此之中交換著情報，相較於此，日本共享資訊的速度則已漸漸落後。

再進一步地說，相較於一邊貫徹自身工作，同時又能取得整體資訊的做法，在專業人士的生涯養成層面上，日本可說也輸了歐美一截。

目前在日本，「生產力」已然成為一項大型課題。日本白領族的生產力，其實低於經濟合作暨發展組織（OECD）會員國的平均，是七個先進國家之中最低的。能幹員工替無能員工擦屁股是日常情事，就算專注於自身的工作，效率極佳地完成任務，但假使比上司或其他員工早早下班，就會遭人白眼，被念「那麼閒的話就過來幫忙」……而不論多麼努力，薪水也沒什麼改變，或許很多人都經歷著這種情況。

大多數的歐美人士，薪水都比日本人優渥，也不必長時間工作，每年都能休長假，同時卻仍具有高度生產力的工作表現。我認為我們是時候思考其中真正的緣由了。

貓型橫向社會

犬型縱向社會

親切和多管閒事

「遠遠守望」也是了不起的愛

當我看見有人遭遇困難，
總是沒有勇氣伸出援手。

貓咪風格的愛，
是從遠處悄悄守望，
這也是一種了不起的交流方式喵。

貓德勒老師的建議

許多人都不擅長表達情感或所思所想。
尤其亞洲人，似乎更有這種傾向。
在這世上的某個地方，必定有著會擔心你、希望你幸福的人。若你懂得找出這些人在哪裡，那就太棒了。

即使親切有禮，
若是強加於人，
仍是多管閒事。

在這世間，傲嬌女子的熱門程度似乎仍然舊高居不下，但在這層意義上，或許貓咪才是究極傲嬌。因為貓咪出於本能，總會在行為中隱藏對飼主所抱持的強烈愛意。

貓咪是不擅長表達愛的動物。

我想就算是養貓者，應該也只有兩成左右的人，能夠充分感受到自家貓咪對你展現的愛。

請容我講述一件事，這讓我深深體會到了貓咪的愛有多深。

那是我兒子才一歲左右的事情了。我妻子的老家有一隻叫做「MAO」的貓咪（總共活了二十二年），當我兒子跑到門口玩耍，MAO必定會跟著一起出去。不過，MAO卻也不會加入遊玩，只會爬到外牆上頭，盯著我兒子瞧。而當我兒子玩夠了，MAO也會跟著回到家中。牠其實一直警戒著，留意我兒子是否會遭遇意外、有沒有被誰給襲擊。看來對MAO而言，我家兒子是個必須保護、脆弱得不得了的角色呢。或許MAO實在太操心了，一路直到我兒子上高中，都還這樣子關照著他（笑）。這份深愛實在令人動容。

說起來，在我念小學的時候，晚上獨自溜出家門跑去釣魚，家中養的貓咪TAMA也絕對會跟著我前往。現在回想起來，牠或許是想保護我免於危險。

人們常言，愛的相反是冷漠。假使在車站的階梯上，我們碰見了一位陌生母親，看起來很吃力地搬運著嬰兒車。「需要幫忙嗎？」能夠詢問一聲、出手相助當然很好，但時機也有可能不太適合。這種時候可以默默守望，祈禱一切平安。如果看起來真的很危急，再伸出援手。這種「貓咪式的關愛」若能增加一定很棒，我也希望自己能用這種方式來對待他人。

營造「美妙邂逅」的方式

跟貓咪的羈絆

我很不會看人，
總是吃大虧、
或被騙得團團轉。

有「羈絆」的可信對象，
不會讓人失望。
去找尋值得信任的人，
試著問問他們的想法吧！
信任之於人和貓，都是一樣的喵。

貓德勒老師的建議

貓的交際型態，大致可分成下列三種。

❶ 君子之交淡如水，甚至令人感覺「咦？是刻意迴避嗎？」的往來方式（工作等級）

❷ 諸如聚會時，在特定時間和場所加深交誼的往來方式（交友等級）

❸ 衷心相許，寄予信任的往來方式（愛、家人等級）

你希望跟對方建構什麼程度的關係呢？

不論發生什麼事，都要相信我喔！

「想養跟自己個性相合的貓咪。」

如果你有這種想法，我會建議你去觀察貓媽媽。貓咪是母系社會的生物，在遺傳層面上同樣會繼承母貓的性狀，而且母貓會教導小貓的事情，多到令人難以置信。

貓咪出生後，在被送到寵物店或交給飼主之前的時間，通常都是由母貓負責養育，此時正值性格養成期，因此在個性層面上，通常也會大幅繼承母貓的特性。

貓咪常被評為「冷酷」，但其實在母代和子代之間，共有著相當深切的愛。而這種愛，並不是不能跟貓咪同類之外的對象一起構築。實際上，只要能夠滿足某幾項條件，在人類跟貓咪之間，也能夠締結同等強烈的羈絆。

在這裡，我想聚焦於真實意義上的「羈絆」，從「構築人類與他人間深切的愛」這個角度切入討論。換句話說，我不打算談論「現在你應該馬上這麼做」，或者「你沒做到我這邊所說的要點，所以這樣不對」，我的提議是為了

放眼更有希望的未來，期待大家往後能花費長久時間，不帶誤解、從根本上與他人相互瞭解。

你是否看過母貓跟小貓親密相處的模樣？

小貓就算被母貓從後頸叼起來，也完全不會抗拒。只要力道稍微出了差錯，就會輕易掉了性命——即使在這樣的狀況下，仍然願意以身相託。母貓會以小貓為一切的優先，當危險逼近小貓，就會挺身守護。兩者之間就是這樣的關係。

此愛之深令人震撼，我自己也是從保護、養育眼睛還未張開的小寶寶開始，才首次意識到「貓咪的愛和信任，竟然如此強烈」。我在這裡所要提的建議，來自於我從那之後收容、養育各種年齡的貓咪所獲得的發現。我建議「在貓咪出生後馬上就養，或在眼睛還不太能完全張開之前（在出生十天以內最理想。最晚則在一個月內）就開始養，透過你的親手餵奶、提供照養，小貓跟你之間，就能產生無條件的愛的羈絆」。

事情就是這樣。

或許大家會很驚訝：「咦！想跟貓咪建立起無限的互愛關係，機會竟然如此短暫？」不過考慮到貓咪的成長速度，也算可以理解。

請試著想像一下。假使你回到了十五歲。此時發生了某些狀況，導致你失去親生母親，並出現了一位「新的媽媽」，像是要代替媽媽來照顧你一樣。這個人極其溫柔，是個好人，相當疼愛著你。

那麼，你跟此人所建構的互愛關係，跟十五歲之前養大自己的親生母親相比，可以說是程度相等嗎？「不論新媽媽再怎麼好，到頭來跟真正的媽媽還是不一樣」——就算內心產生這種糾結，也是沒辦法的事情對吧。

貓咪跟飼主的關係，經常也是這種狀態。貓咪的身體在出生約一年左右就會成年，但內在層面（性格養成）的成熟卻遠遠更早，人類所謂的「幼兒期（社會化時期）」，在貓咪出生二至七週前後就會告終。這比人類早了許多，且很短暫。貓咪會對誰抱持著無條件的愛，關鍵就在這個時期是跟誰一起度過。

動物行為學的實驗也已指出，貓咪養成社會性的二至七週之間有多麼重要。實驗中的貓咪從出生到九週為止的期間，都跟某隻老鼠養在一起。到了最後，貓咪不僅沒有襲擊那隻老鼠，甚至也不再襲擊有著相同血緣的老鼠了。

老鼠是貓咪獵食的對象。然而，只要一同度過這個時期，締結了「家人」的羈絆，就絕對不會背叛對方。相信大家已經可以理解，在這個時期一同度過有多重要。

不過，為了避免誤會，我還是要先說清楚，我並不是提倡要在小貓睜開眼之前，或者出生後一個月內就帶離母貓的身邊。

從目前日本法律的思維，貓咪必須在出生五十六天以後，才能在寵物店內販售。確實，以現在這種將小貓跟母貓分開，放到玻璃飼養箱裡販售的做法，要再提前分離小貓跟母貓，將對小貓的性格養成帶來大幅傷害，因此絕對不應為之（縱然如此，我也並不是說只要過了第五十六天，採用現行做法就沒問題）。

但我覺得，假如能夠抱持深切的愛，扮演這隻貓咪畢生的夥伴一起過日子，那麼由飼主擔綱母貓的角色，其後跟小貓一生相伴，建構出彼此無限的關愛，不論對人類或貓咪而言，應該都會比較幸福。

還有一件事情我必須先說，哪怕在出生超過一個月才開始飼養，也不代表這樣行不通，或者就無法培養出無止盡的互愛關係。

請從人類的角度來思考看看。親子關係、青梅竹馬的關係、從青春期開始的關係，以及年過二十才開始的關係，又或者這幾年才展開的關係……不論關係的起點是什麼時刻，相信必定有些關係，對你而言是無可取代的。我們應該無法一概而論，認為來往比較久的朋友就一定比較棒。貓咪跟你所能構築出的關係，道理也是一樣。我相信每一種關係，都各有它的好。

又說，我之所以小心翼翼寫下這段弄個不好就會被錯誤解讀的內容，是有原因的。因為我認為在過往歷史上人類所養育、選擇共居的動物之列，「貓咪」這種動物，是非常特別的存在。

人類一路至今，飼養了許多類型的動物。貓咪、狗兒當然不用說，包括牛、馬、雞、豬等家畜也

是一樣。這些動物跟人類的關係，大部分都是「主宰與群體」的關係。例如人類對家畜而言就是主宰，又或者，狗兒會成為家畜的主宰，人類則成為狗兒的主宰，屬於階級關係。

不過，人類跟貓咪（還有一部分狗兒）的關係，卻一直都在變化著。雙方擁有著共同體，並且關愛至深，不存在著主宰，屬於平起平坐（對等）的關係。

人類跟貓咪的這種關聯，跟其他動物並不相同，因此對其他動物的設想，無法通用在貓咪身上，導致產生出了數不清的誤解。

因此能否理解貓咪，可說考驗了人類「建構非階級信任關係的能力」。我們也可以說，若能成功建立起這種關係，人類就有可能透過貓咪，對非階級的平等信任關係加深理解，獲得鍛鍊並逐漸提升。

當我們能夠超越人類社會、人類飼養其他動物時的階級關係，人類對貓咪的誤解，或許就能逐漸消失。

阿德勒所帶給人的溫暖感受，跟貓咪生活方式之相似，簡直超乎想像。我在這之中體會到了「演化」上絕非偶然的神秘感（在演化生物學中，這種現象稱為趨同演化。這是指完全不相同的生物，在適應環境時獲得了類似的身體機能。舉例而言，在鯊魚（魚類）、海豚（哺乳類）、鼴鼠（哺乳類）和螻蛄（昆蟲）身上，都能發現一些相似之處等）。我希望大家都能領會這種神秘感，還有貓咪為人類所開啟的嶄新可能性。

順帶一提，如果你能夠從小乳貓就開始養，要記得牛奶跟母貓乳汁的成分並不相同，因此不可拿來餵。請使用寵物店等處有在販售的幼貓專用奶粉。另外若是狗兒，直到十二週左右都還處於「幼兒期」，因此若在出生兩個半月以內開始飼養，會更容易建立類似親子的關係。

不過，我認為要將貓咪或狗狗從幼崽開始飼養，有一個條件是，過去必須曾經以深厚的情感飼養過貓或狗。當飼主成為了幼崽的貓媽媽（狗媽媽），就等同於相伴一生的承諾。我真心希望人類與貓咪情感牽絆的形式，在往後大約二十年內，能夠一點一滴地變化下去。

如何尋找 適合自己的小貓

如同前文所述，家貓是我們人類一生的夥伴。我們應該怎麼做，才能邂逅適合自己的貓咪呢？

不論貓咪的年齡是幾歲，我都不建議向寵物店購買貓咪。這是因為，我們無從得知寵物店裡所販售的貓咪，是由何種母貓所生。

如果母貓是在無壓力的環境下成長，小貓也就不會承受壓力，但我們並不曉得寵物店所販售的貓咪，是在怎樣的環境長大的。小貓會擁有何種遺傳性狀等，某種程度上只要看了母貓就會知道；但在寵物店，這一點同樣不得而知。性格、體質等用來判斷小貓狀態的依據，全部都在母貓身上。

另外，按日本的法律規定，小貓必須出生超過五十六天，才能在寵物店裡販售。換句話說也就是出生兩個月後。為此，如果希望再早一些開始飼養貓咪，就只能尋求特定的管道。

我曾經收容過眼睛還沒張開的小小貓，因而有了寶貴的經驗。等到人類能夠進入真正理解貓咪的狀態之後，我希望大家都能從餵奶開始飼養小小貓。

假如你計畫從某處接收幼貓，首先在幼貓出生之前，就要花費充分的時間來挑選母貓。觀察母貓的時候，除了性格合得來之外，也請檢查居住環境是否夠乾淨，貓咪們是否被硬塞在狹窄的地方。經過這樣挑選出貓咪之後，再接收牠半年後所產下的孩子，是最理想的。

人類跟動物的相處方式，受到許多條法律的規定，但我覺得之中的絕大多數，都無法用來追求

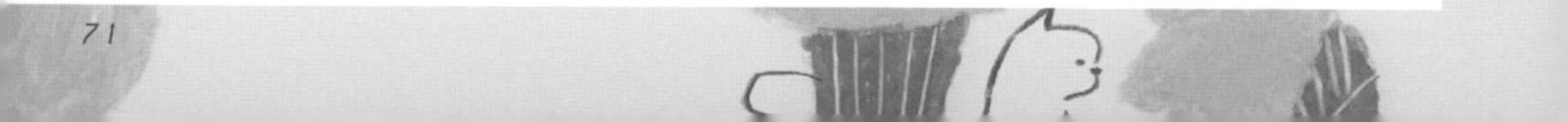

該種動物自身的幸福和可能性。另外，諸如需要收容的貓咪、遭受虐待的狗兒等，有許多動物都承受了人類過分的對待，這也是現實情況。

我們不應該將人類所想的幸福硬塞給動物，我深切希望每一種動物都能夠過得更加幸福，並跟人類逐漸建立起新的關係。

2

思考「該怎麼做才能比現在更快樂」

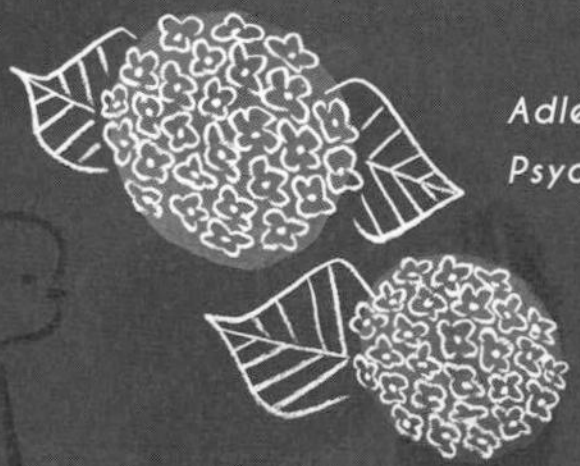

Adler&cat
Psychology

別過度偏信「個人認知」

貓咪不會「求同」

有些人明明知道該怎麼做會更好，
卻完全不願改變，
這讓我心裡好不舒服。

我們不能控制別人做出改變喵～
別希望改變對方，
而要專心改變自己。

貓德勒老師的建議

你覺得正確的事情，別人是否覺得正確？別人覺得正確的事，你是否覺得正確？答案都是未知數。另外，大家都覺得「正確」的事物，難道又真的正確嗎？實際上沒人能確定。

你的常識，
對他人（貓咪）而言
是超出常識。

常言道，要跟初次見面的人增進感情，就要尋找自己跟對方的共通點。我們傾向「喜歡上」跟自己有相同特點的人，比如出生地很靠近，經常就能讓氣氛瞬間融洽許多。

另一方面，我們似乎還會不由得想要（期望或渴望）自己「喜歡」的對象，能夠「跟自己一樣」。在當朋友時毫不在意的習慣，等到成為戀人就會開始介意，想去糾正對方，這可說就是一個典型的例子。

開始跟貓咪共住之後，我們有時可能會不小心把貓咪想得跟自己一樣。不過實際上，「人類的常識＝貓咪的超出常識」，這種事情可是多不勝數。如果對此毫無瞭解，你就可能會損害了寶貝貓咪的健康。

讓我來講件實際的例子，前些日子，有位貓咪飼主跑來找我諮詢。此人非常煩惱：「我們家的貓很容易長結石，每年都必須住院好幾次。這是不是有什麼原因呢？」

結石在貓咪的健康問題之中的確相當多見，但每年數度實在太多了。是以，我試著問了這隻貓咪平時所吃的食物。

「我都只餵牠愛吃的東西喔。例如……」

這位飼主所餵的食物之中，包含了不能餵給貓咪吃的「某種東西」。一排除這樣食物，貓咪馬上就健康得不知醫院為何物了。

這「某種東西」是什麼呢？答案就是——高麗菜。這位飼主每天都拿高麗菜跟熬過味噌湯頭的小魚乾給貓吃。

高麗菜、菠菜等植物，對貓而言可能有「毒」，不能拿來代替貓草。高麗菜中所含的草酸跟小魚乾的鈣結合之後，化為了「草酸鈣＝結石」，就有可能引發膀胱炎。

「明明只是餵了貓咪喜歡吃的東西……」這位飼主得知實情後驚訝得不得了。

又說，本篇所要傳達的一個重要事項，就是你跟周圍的人及貓，都是不一樣的生物，思考方式、對事情的優先順序、體質等等，就算有異也是理所當然。若你擅自相信大家都一樣，當差異突然躍至眼中，就會感到難以接受。如果是人類之間，有可能會吵架、分離；若是人類跟貓咪，飼主則可能成為貓咪生病、憂鬱的罪魁禍首。趕在發生這類麻煩事之前，就該先認清彼此有所不同。這樣一來，也就不會因為一點小事就感到煩躁，或者備受影響了。

為了他人或滿足自己

身體不會說謊

我明明是為了對方而在努力，對方卻完全不感謝我。

你自己於此之中，**是否感覺幸福呢？**

比起別人的感激，首先更該**關注自己的幸福喵。**

貓德勒老師的建議

之所以不被感謝，或許是因為你的努力，並不符合對方所想獲得的支持。愛照顧人、多管閒事的人，其實算不上是溫柔，這可能只是為了讓對方依靠自己，以感覺自己是個重要的人物……這份溫柔，是不是為了彌補自身的不幸或不被滿足的情感呢？請回頭確認看看。

貓咪可完全不會去想：
如果我讓路，對方會感謝我嗎？
重要的只有一件事：
想讓路，還是不想讓路。
僅此而已。

人類標準中的「健康」、「對身體有益」，之於貓咪完全是另一回事。不僅如此，甚至還可能對貓咪造成傷害。如果按人類的健康標準，強迫貓咪吃「有機食物」、或跟自己吃一樣東西，以為這就是對貓咪好，那可就大錯特錯了。

眾所周知，人類屬於雜食性。換句話說，我們體內具有各式各樣的消化酵素，會吃各式各樣的東西來獲得營養。雜食性的特徵是，就連對肉食、草食性動物有「毒」的東西，都有辦法消化、吸收。

具體而言，據信人類的消化器官具有五種解毒作用。已知之中的兩種作用，在貓咪身上的運作極度微弱。想得單純一些，也就是對人類身體有益的東西，對貓咪而言，有四成（五分之二）都有毒。

舉例而言，「對人類身體有益」的洋蔥、大蒜，對貓咪而言卻是毒，這點向來廣為人知。「海因茲氏小體」會引發溶血性貧血，情況嚴重將會致死。

那麼，有方法能分辨貓咪可食用的植物嗎？

直截了當地說，讓貓咪吃「禾本科植物」就可以了。家貓的祖先利比亞山貓，有著被從森林逐向草原的進化歷史。

草原上有許多只需少量的水就能成長的禾本科植物，居於草原的小型哺乳類多以草為主食，貓咪的祖先則會以這些小動物為食。相信牠們也曾將胃裡殘留著禾本科植物的鼠類生物整隻吃掉。推測貓是在這樣的背景之下，對禾本科產生了耐受性。

順帶一提，雖然韭菜的外型很像禾本科，其實卻屬於石蒜科；菠菜是莧科；高麗菜是十字花科，全部都不適合貓咪。餵食時很難一邊分辨蔬菜的科別，因此在跟貓咪共居的日常生活中，應避免盲目提供蔬菜，如果要餵，只給貓草會比較放心。尤其蔬菜，除了禾本科植物之外，基本上都要先預設為危險，對貓咪可能產生「毒」害。

當然，各類貓咪的解毒能力亦不相同，有強也有弱。這就像是酒精之於人類。既有人小酌就會醉倒，也有人千杯不醉。就算在喝酒時總能氣定神閒，相信也有人經過持續大量飲酒，肝臟最終還是出了問題。

有人會喝酒來轉換心情，但也有一種說法指出，每天攝取約一杯酒，對健康也很有幫助。

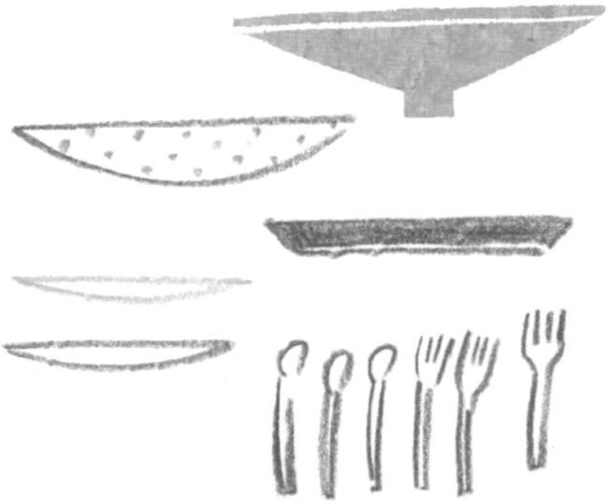

由於無法一概評定好或不好，此事也只能認真考量自身體質，逐步瞭解自己，才能得到答案。

不過，貓咪跟人類語言不通，而且感受味道的「味蕾」也比較少，因此就算是對身體不好的東西，也無法自行察覺。要判斷對貓咪而言什麼是好、什麼是壞，絕對不可少的，就是必須跟家中貓咪充分相處、協助篩選。雖說如此，只要別餵毒性太過強烈的東西，貓咪其實具有強大的治癒能力，而相信在地的獸醫師也會出手相救，因此不需要太過惶惶終日。

遵守著基本的原則，發生狀況時就尋求專家的協助。我想這就是讓事情順利運作的秘訣。

植物和動物的生存競爭

我也非常喜歡鳥兒，經常觀察牠們。看著東方花嘴鴨等鴨類，我明白到牠們果然也都不吃十字花科的植物。在食物變少的冬令時節，就算禾本科的植物已經全部吃光了，鴨子們對於就在一旁、屬於十字花科的油菜花仍舊不屑一顧。因為牠們知道，油菜花對自己的身體有毒。

油菜花吃起來苦苦的，是因為之中含有「生物鹼」這種成分。這對許多動物而言都是「毒」。人類也是一樣，孩子們總是不太愛吃油菜花、山野菜等，我想許多孩子根本就討厭蔬菜。説著「很苦」而不願意吃菜的孩子，在感知毒素的這層意義上，其實是正確的。人類孩童要到大約高中生的年齡，才會不再討厭蔬菜。其實這個時期，對毒素的抵抗能力會一口氣提升。而積極攝取蔬菜，是為了防止微生物和黴菌入侵到體內繁殖。攝取蔬菜的毒，是自行強化免疫機能的過程，所以對「苦味」才會逐漸變遲鈍。

這樣一想，對解毒能力不佳的小孩而言，含有大量生物鹼的蔬菜，也就是苦味蔬菜，除了在味道層面，就解毒能力的層面看來，確實也是難以下嚥的。小時候曾經厭惡的蔬菜，在長大後變喜歡，其實也代表著對毒素的抵抗力終於提升了。

至於為什麼植物會有毒素呢？這是為了讓物種得以延續。假使無毒，轉瞬之間就會被草食動物給吃個精光。植物在自體內部保有毒素，是為了保護自己不被草食動物吃光，以便存活下去。

實際上，植物跟動物經常都處於生存競爭。例如恐龍的滅絕，也跟植物的進化大有關聯。恐龍在全盛期的時候，會吃滿布於地面上的蕨類植物。而這些蕨類隨著環境變化，產生了常綠樹↓落葉樹↓草類的逐步轉變。在恐龍滅絕的時刻，曾經覆蓋地球全境的森林，據說有三分之二已經變成了草地。就這樣，體型巨大的草食恐龍，因為無法獲得充分營養而逐漸餓死。

不僅如此，在恐龍的化石之中，也找到了食用草類後引發腸胃炎而死的情形。恐龍對草類不具耐受性，相信也是牠們滅絕的一個原因。由此可知不論植物或動物，都是在進化過程中持續奮戰著。

又說，我們會吃的蔬菜，在種類繁多的草類當中，僅是微小的一部分。人類為了食用草類，而減少了之中的毒素。大家會有「蔬菜有益健康」的印象，但這其實只是人類將蔬菜中殘留的少量毒素，拿來靈活運用罷了。為此我們可以輕易想像，即使是吃蔬菜，如果持續偏重特定類型，對健康還是有害。

在探討貓咪的餐點之際，我之所以拜託大家「請將蔬菜想成一種毒」，背後其實有著這樣的脈絡。

誠實面對「自己的感受」

貓咪很任性？

只顧全自己、任性妄為，造成別人的困擾，這樣是不對的吧？人應該有所收斂才對吧？

那真的是任性妄為嗎？如果天性本就如此，那也只能接受了喵。

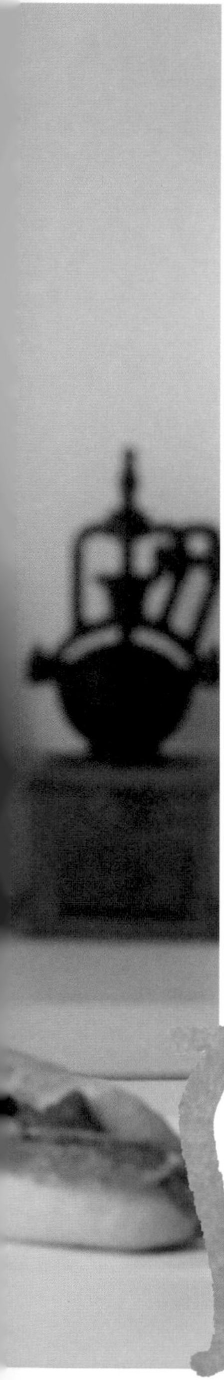

貓德勒老師的建議

任性的代表性例子，就是「對食物的好惡」。這無法一概評定好壞。不同的遺傳性狀，會導致相當大的個體差異。很多事情就像這樣，乍看之下是任性妄為，其實卻是無可奈何。要小心可別忍耐過頭了

不管怎樣，
我就是覺得
「很討厭」嘛～

一般常言，貓咪「對食物很挑嘴」。

「餵過一次高級貓食之後，就不願意吃其他東西了。」

因為這樣，人們有時會用「任性」之類的詞彙來描述牠們。不過我倒覺得，基於貓咪的特性，這也算是無可厚非。這不是個性問題，單純是身體構造的問題。

對於喝了牛奶就得不斷到廁所報到的人而言，牛奶不僅不是健康食物，還會對日常生活造成負面影響。一般概念總是強調應該吃各式各樣的食品，但我們不該囫圇吞棗，重要的是去挑選對自己比較有必要的食物來吃。實際上，過去曾來找我諮詢的運動選手當中，越是鮮少受傷、能力卓越的人，就越積極攝取「不均衡」的餐點，也就是只積極食用對自己必要的東西。

不過我想，可能也有一部分的人無法區別「偏食」跟「對自己必要的食物」為何。就算在不明所以的狀態下去吃東西，可以說「均一化的均衡飲食」，將是不容易產生嚴重差錯的餐點。

許多動物都有著只吃、甚至是只能吃相同東西的特性。例如貓熊就只吃竹子和竹葉，無尾熊只吃尤加利葉。狗兒的祖先狼，主要吃牛、羊、鹿等反芻動物的肉維生，因此狗光吃這類型的肉，就可以存活下去。

換個方式說，這代表著貓熊只要少了竹子和竹葉就會絕種，無尾熊少了尤加利樹就會絕種，狼少了反芻動物就會絕種。

不過，貓咪並非如此。在肉食動物之中，貓咪獲得了最強大的進化。貓咪祖先們會吃的食物類型很豐富，包括哺乳類、鳥、蛇、蜥蜴、青蛙、昆蟲等，可以吃喜歡的東西過活。這導致貓咪後來擁有了「肉食雜食性」（不過，家貓的直系祖先利比亞山貓，大部分都漸漸移往了草原、半沙漠地帶過活）。

是以貓科動物的身體，進化成了能食用各種類型的食物，另一方面卻也變得不太適合一直只吃同一種東西。因為牠們每次狩獵時，通常都會不斷改變食物的內容，這次是老鼠，下次再換成鳥、蜥蜴、野兔等。

基於這樣的脈絡，跟我們一起生活的貓咪會喜歡何種食物，不僅會因品種等遺傳因素而有差異，單一個體的喜好也會不同，因此無法一概而論。日本貓咪愛吃魚，外來種愛吃肉，偏好上雖有著粗略的傾向，但不太能輕易辨別。貓咪在這方面跟狗兒大有不同，因此可能會讓人覺得對食物很挑剔。

好的，現在大家已經瞭解這般「貓咪情事」，是否還會覺得「貓咪有時吃飯、有時不願意吃飯，真的很任性」呢？相信愛貓的你，一定會願意根據貓咪的體況、樣態、身體結構，在可行範圍內變更餐點的內容才是。

直到五分鐘前還覺得「真困擾」的人，那份「困擾的感受」，相信也已消散不少了吧？

不過，就算你的心境歷經了這樣的變化，貓咪的立場不論在五分鐘前或是現在，根本不曾改變過。即使對方沒有改變，你感受事情的方式、你的行為都可以有所變化。這就是心理學中經常提到的：

「在杯中有一半的水，你的感受會決定這是多、還是少。」

「幸福與否，取決於自己的心。」

進一步說來，當對方有著我們不曉得的情況，其行為看起來就有可能像是「只顧自己開心」。從貓咪進食的話題，意外可以連結到我們人類想事情的方式呢。

貓咪用餐所帶來的煩惱，事實上說不定可以幫助你領會這些道理喔（笑）。

外國的貓
不吃魚?!

幾乎所有外國人，都對「叼著魚的虎斑貓」感到相當不解。這是因為，在世界上並沒有太多國家的貓咪，是將魚當作主食。

……等等，貓咪不是應該很愛吃魚嗎？

非也，其實放眼全球，只有寥寥幾個地區的貓咪會吃魚。讓我們來看看這是為什麼。

如同前篇所述，貓咪會食用各式各樣的肉來攝取營養，屬於「肉食雜食性」。於此之中，基本上並不包含魚。「利比亞山貓」被視為當今全球各地豢養家貓的祖先，現今貓咪飲食的相關性質，也跟利比亞山貓棲息於半沙漠地帶有著關聯。乾燥地帶本來就沒有可供捕魚的水源，利比亞山貓沒有吃魚的習慣，當然也就不會喜歡吃魚。

另外相信愛貓人都知道，貓咪很討厭水。我們也可以想成，在貓咪從利比亞山貓進化而來的過程當中，並未食用過跟水相關的獵物。

進一步而言，其他各種貓科動物，其實也沒有愛吃魚的物種。獅子、老虎、獵豹、花豹……都不具有吃魚的形象對吧。

事情就是這樣，在全球的標準當中，貓咪的食物都是「肉」。因此國外製造的貓食，大部分都是「雞肉口味」或「火雞口味」。像日本會出現的「鰹魚口味」或「鮪魚口味」，反倒是比較罕見的喔。

那麼，為什麼日本的家貓會開始吃魚呢？

這很可能是因為，過去日本人較常吃魚勝於吃肉。從前不像現在有貓食在市面上流通，許多時候都會餵貓吃人類的食物。又或者，拿來餵貓的食物裡頭，想必含有大量的鰹魚片等魚類加工食品。貓咪是配合著日本人的生活習性，才學會了吃魚。

另外除了日本，在義大利、菲律賓等地區的貓咪也會吃魚，但一個個盡是海洋環伺之處。相信在這些地區，貓咪的飲食文化，也已配合著人類的生活型態一路變化。

主食可以隨著環境改變。這番應對能力，可說同樣顯現出了「貓科」這個物種的強大。貓咪就是這麼擅長求生存的物種。

該如何克服「怕生」？

貓咪打招呼法

我很難拒絕別人的邀約。
為了跟各式各樣的人拉近距離，
總覺得應該更努力才對……

要重視個人空間。
保持自己覺得舒適的距離
就可以了喵。

貓德勒老師的建議

跟所有人都變得要好，亦即必須壓抑自己的真實心情，想盡辦法不被任何人所討厭。選擇這種繞著別人打轉的生活方式，終將喪失自己的**個人空間**。

剛剛好的距離。
剛剛好的安心。
這樣就一切ＯＫ！

跟他人接觸時，我們往往會忍不住去思索「能夠變得多親密」。或許我們都是在某個地方，受到了「人和便是美」這份精神的洗禮。不過，最重要的是「舒適的距離」。不論貓咪或人類，唯有在距離舒適之際，才能建立起最美好的關係。

首先，貓咪平時並不會結群生活，因此很討厭被極度逼近，或纏著摸來摸去。當逐漸靠近貓咪，會發現貓咪在中途的某個片刻瞬間凍結。那就是貓咪「嚇一跳」的瞬間，彷彿這才發現了你的存在。這份距離感，就是貓咪的「**個人空間**」。如果繼續不知好歹地靠過去，貓咪將會轉身就逃。貓咪非常重視**個人空間**。

如果你想跟某隻貓咪變親近，不妨模仿貓咪跟同類打好關係的做法。請站在貓咪的立場嘗試看看。

貓咪有一種習性，當對對方不抱戒心，就會彼此鼻碰鼻。在這裡，我們也可以利用這項習性。我們可以用「手指」，來取代貓咪概念裡的「鼻子」。碰到希望變要好的貓咪時，請不要靠近到貓咪會瞬間凍結的位置，而是蹲下來跟貓咪拉近視線的距離。接著請試著對貓咪輕輕伸出食指。

如果貓咪自行朝你靠近，用鼻子「碰」了一下，就代表你是「朋友」了。此時就算撫摸貓咪的身體，或再拉近距離，相信大部分貓咪都會接受。

每隻貓咪會嚇到凍結的距離，全都截然不同。有些孩子會願意讓人靠得非常近，也有些孩子必須保持大約十五公尺的距離。大致的情況是，出生沒多久就開始跟人類接觸的貓咪，傾向比較願意讓人靠近。由於對人類本身不感到恐懼，也就能夠放心靠過來了。

當你想再進一步跟貓咪拉近心靈的距離，則可以試著留意下列三點。

❶避免由你主動靠近

如果在靠近時發現貓咪僵住了，就要放棄繼續前進，改為觀望貓咪的動向。大多數貓咪都不習慣讓他人掌握主導權。因此，包括距離、靠近的方式在內，將決定權交到貓咪手中，會更容易建構出良好的關係。

❷避免由上而下的視線

貓咪有一種習性，在吵架時會將目光維持於高處，以便讓自己看起來很大隻。面對想要和睦相處的貓咪，請盡量蹲下來跟貓咪視線接觸，避免被誤會是在「找架吵」。

❸貓咪不來的時候，要靜靜守候

平常很親人的貓咪，有時也會想一個人待著。如果伸出手指貓咪還是不願靠近，就代表著「下次再說」。這一次請先放棄接近貓咪。

如果貓咪主動靠過來，用鼻尖「碰」了你的手指，你跟這隻貓咪就已經是「朋友」了！相信往後都能一直感情很好。

一旦成為了朋友，貓咪就會確實記住你。因此改天再碰見同一隻貓咪時，也要試著伸出手指。假如當下貓咪沒那個心情，說不定會被當成空氣，但熟面孔好說話這回事，不論人類或貓咪都是一樣。另外，就算是最初不允許親近的貓咪，只要能持續遵守貓咪的規矩，次數多了，或許最終貓咪

從今以後
我們要相親相愛喔！

也會重新考慮「這個人說不定是好人？」而願意跑來「碰鼻」。

從跟貓咪間的距離拿捏，我們可以學習到許多東西。

首先，不該做對方會討厭的事情。就算是你想加深交情的對象，如果對方沒那個意思，就不該勉強。當有人侵犯到自己的安全距離，本來就會想要提防。當然也不應該居高臨下。距離的舒適程度，會直接影響到人際關係的舒適程度。尤其在初次見面時，請試著多多留意，尊重個人空間。

這些重點大家容易覺得理所當然，但人際關係不太順暢的時候，都是因為在某些地方抓錯了距離。為求關係能夠恆久綿延，保持適當距離，比什麼都更重要。

當貓咪跑過來
用下巴蹭蹭

有一些貓咪初次見面就會跑來腳邊繞著走動，用下巴磨蹭。這是在表達親近嗎？還是在警戒呢？到底是哪一種？

這種繞著轉、磨蹭的意思是「歡迎來到我的住處（第32頁）」。也就是受到了貓咪的歡迎唷！或許因為對「住處」的定義不同，真要說起來，雄貓似乎比較會展現這樣的行為。如此這般，當貓咪積極地跑來打招呼，我們該如何反應比較好呢？

我所推薦的反應方式，是撫摸貓咪下巴的側面。貓咪在長鬍鬚的下巴一帶，有著會產生氣味的器官。交換了該處產生的氣味，就能形成「家人的味道」、「同伴的味道」。若去觀察母貓跟小貓，相信可以確認到牠們磨蹭彼此下巴側面的模樣。

沒錯，貓咪用下巴蹭來蹭去，就是「我們來交換氣味吧」的暗示。能夠交換氣味，相信貓咪也會更安心，願意邀你進入自己的空間。經過前面所提的「碰鼻子」之後，如果希望跟這隻貓咪拉近更多距離，不妨就跟貓咪來個「交換氣味」。

目前已知貓咪的嗅覺比我們人類好上數萬倍。雖然人類不太能夠實際體會，但若想跟住附近的貓咪變得更要好，不妨學學貓咪同類間的氣味交際法喔。

跟「自己的弱項」保持距離

貓咪會「展現弱項」來聯繫感情

我距離完美很遙遠，
要做任何事之前，總會怕得要死。
因為「我就是這麼糟糕」……

你是不是把「因為我不完美」
當成了不前進的藉口了喵？
先從做得到的事情開始做吧。

貓德勒老師的建議

就算有著少許的缺點，只要不是致命傷都OK。新嘗試本身就有其價值。最重要的是，要好好稱讚達成新挑戰的自己。

全球的成功人士也好、
貓咪的狩獵行動也好，
成功率都僅有10％而已喔！

「因為我沒有才能。」

「因為我沒有好學歷。」

「因為我長相不討人喜歡。」

……你是否曾因這類理由，放棄了許許多多的事情？即使程度輕微，若你會有這些念頭，就代表你陷入了「**自卑情結**」的陷阱之中。

讓我們冷靜點思考看看。在你身旁大放異彩的人，每一個人都是才華洋溢嗎？學歷不高、容貌不出眾，事情就理所當然不會順利嗎？有位頂級菁英曾經直言：「我根本沒有多到藏不住的才華。因此我每天都持續埋頭努力。這成就了今天的我。」

要將「不足」的自卑感當作成長的養分，或者當成放棄的理由，全都取決於你的選擇。

而當然，立足於生態系頂端的貓咪，同樣也不完美。當然也有弱項。

第96頁曾介紹到貓咪「鼻碰鼻」的打招呼方式。在貓咪之間，這種行為只可能對信任的對象做出，在意義上其實不僅止於打招呼。

鼻碰鼻之後，眼睛自然也會靠近。眼睛對生存極其重要，並且是不堪承受外部攻擊的弱點所在。

貓咪的眼睛又大又脆弱，因此哪怕稍微受了傷，內部的水晶體等就會受損，導致無法視物。

如果被爪子抓到眼睛，當然就無法再去狩獵，進而還會危及生命。也就是說，「鼻碰鼻」的行為，就等同於將弱點暴露在彼此面前。換言之，這代表著「我對你沒有戒心喔」、「我相信你喔」。

我們很容易誤認為，只要完美就會被愛、獲得認同、能夠成功，但實際上並非如此。被身旁眾人所愛的人，意外有著許多缺點；完美無缺的人，反倒可能不受歡迎，不是嗎？

難以彌補的人格缺失、妨礙業務（工作）的缺點或許會成為某些問題，除此之外的缺點則可以容許。說得深入些，缺點反而可稱為是一種魅力。與其將目標放在變完美，瞭解不完美的事實，想辦法克服、或是接受欣賞，才是更重要的事。

靈活應對「非得如此」的想法

野生動物的價值觀

所謂的「大家」
到底是指誰呢？
你的人生是屬於你的。
沒人能代替你承擔喵。

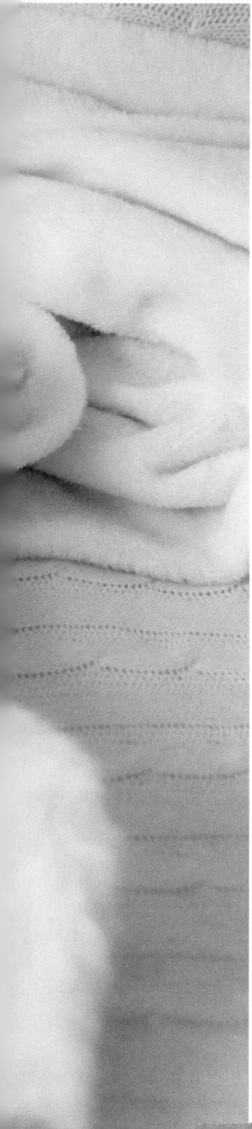

貓德勒老師的建議

人生的時間很有限。在這段壽命當中，必須自己好好思索，人生該怎麼過才不會後悔。用自己能夠接受的方式，運用自己人生中至關緊要的時光，才是最重要的事！

在死亡來臨之前
要不後悔地
過完這一生。

最心愛的貓咪，即使再多一天也想長久相伴。相信只要是飼主，都會如此盼望。

不過，家貓的平均壽命大約是多久呢？

據說野貓之類的平均壽命是三年，長一點約四年就會死去；家貓的平均壽命則約十五年。

這個「家貓」的平均數值，結合了完全的室內貓，以及會來去於家中和外頭的貓咪。為此，若是完全的室內貓，還有可能再活得久一些。首先可以目標養到平均值的十五歲，接著十六歲，最終則以超過二十歲為目標。

我家以前養的ＭＡＯ，會自由進出家中和外頭，卻活了二十二年；再之前養的另一隻貓，則是活了二十年。二十二年換算成人類的年齡，約莫是一百一十七歲（算式：18+4.7×21）。

人類很理所當然地深信「長壽是件好事」。日本從一九五〇前後開始，平均壽命始終都在持續延長，但這從廣大的進化觀點來看，其實是相當特殊的情況。在地球三十八億年的歷史當中，許多生物都會選擇「縮短壽命」來幫助物種，人類卻不斷地延年益壽。

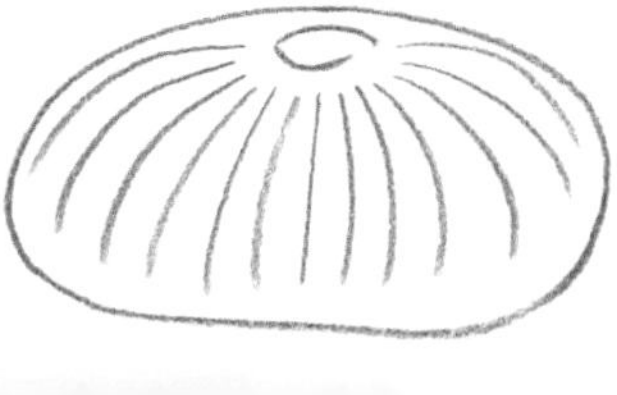

壽命短暫，物種才容易延續——這想來或許令人矛盾，卻是不容爭辯的事實。

舉例而言，蚜蟲每年都會有超過三次的新世代交替。這是自己才剛出生、下個孩子就已探出頭來的狀態，而且每次都會大量產卵。在下個世代之中，唯有基因能夠適應環境的個體能夠存活，物種因而得以一路綿延。當一個物種擁有著這樣的世代交替循環，「全球暖化」之類的困境根本算不上問題。因為如果變熱，擁有抗熱基因的個體就能存活。這是透過淘汰不適者，來應付環境的變化。

也就是說，假設半年後紫外線的輻射量變成十倍，我想人類將會相當難以存活，但蚜蟲出現適應個體的可能性，卻遠遠高出許多。

這樣一想就能明白，「壽命短暫」、「世代交替迅速」對物種而言極其重要。人類「想要長壽」的心情，以及現代人的「晚婚」、「高齡生產趨勢」，在進化的過程中相當罕見。

另一方面，包含貓咪在內幾乎所有的動物，都會在最初的半年或一年內成年、早早繁殖，使基因有所更迭；但人類卻必須花費大約二十年才會成年（除了人類之外，大象也是較晚成

熟的動物。出生後經過十年才會性成熟，初次生產則要再多等五年以上）。從這點來看，人類真的跟其他生物大有不同。

這告訴了我們什麼呢？我們可以得知一件簡單的事——人類所認定的常識、對人類而言關鍵的事物，有可能跟其他生物普遍不同。

因此在我們標準中「出於好意」的作為，有時就會引發難以挽回的結果。

這種案例多不勝數，且讓我來介紹其中一件：澳洲的

青蛙。澳洲曾經苦於田地裡的害蟲，由於想引進會吃該種害蟲的有益生物，便從美洲帶入了海蟾蜍。

然而，澳洲後來的實際情況卻是，害蟲幾乎未見減少，海蟾蜍卻大量繁殖。豈止如此，貓、狗和澳洲本土生物，更在吃下有毒的海蟾蜍後死亡，對生態系造成了劇烈的負面影響。如此這般，人類「出於好意」的行為，對其他生物很有可能並非好事。

只要我們能停止以人類的標準來想事情，對於貓咪等其他動物的心情，或許就能再有多一分的理解。

將老化基因
遠遠拋開

關於貓科動物的壽命，有一點相當不可思議。

例如若去觀察野貓研究等，會發現普通野貓的平均壽命約莫三至五年，但在自然界裡也有些貓能活到十年左右。不僅如此，這些長壽的孩子還佔有相當大的比例，絕對不算罕見。

在食物、生活習慣上，明明也沒有任何特別的因素，卻很奇妙地有著長壽個體。而且還稀鬆平常地活到了平均壽命的一倍以上。試著想想，是否有些不可思議呢？

這同樣也是基因所變的把戲。如同前述，貓科動物是立於叢林頂點的物種，其所擁有的基因同樣優秀無比。為此，有時可以觀察到大肆凌駕於「壽命」概念之上的現象。

除此之外，能像這般不受限於「壽命」概念的長壽個體，大抵上都是領袖地位的貓。貓科動物取代了恐龍，獲得了這個世界的稱霸地位，是非常優秀的一種生物。因此除了「在某段時間內世代交替」的體系之外，或許也同時具有著「優異領袖會長壽」這種應對自如的遺傳彈性。

此種能拋開「壽命」概念的長壽性質，並不是貓科的特權。其實在鳥類之中，也可以找到相同的現象。

鳥類當然也有著約略底定的壽命，斑胸草雀四年、紅梅花雀兩年半、文鳥則是六年。我養了大約三十隻斑胸草雀，在充足供應必要維生素和營養、經過必要的運動後，偶爾會出現壽命翻倍的個體。世上確實存在著一些個體，能夠躲過基因壽命的掌控。

我們在街道上常見的麻雀也不例外。麻雀在自然界的平均壽命約為兩年，十隻裡頭差不多僅有一隻能夠長成親鳥。不過，於此之中也有長壽的麻雀，在自然界的環境下，壽命還可以長達十年，竟是平均壽命的五倍之多。以人類來比擬，感覺就像有人活了四百多歲。這樣想來，鳥類平均壽命的概念，似乎格外有著彈性。

很遺憾的是，人類基因唯獨在壽命方面不太有變動空間。就算保持良好的飲食生活，壽命也不可能冷不防就從八十歲變成一百六十歲。這種紀錄連一件都找不到，因此人類在生命長度方面，應該可以視為不具遺傳上的可調整性。

平息「憤怒」的方式

貓咪的存活戰略

我看到出軌或是
各種無禮無恥的事情，
就會不由得怒上心頭。

這些事情確實不妥，
但至少在面對別人的事情時，
這類情緒反應或許可以
再更寬容一些~喵

貓德勒老師的建議

阿德勒心理學的中心思維在於「**培養勇氣**」。但失去「勇氣」的人，會在不自覺的情況下透過言行，企圖使周遭他人也失去勇氣。要小心別掉入他人設下的**勇氣陷阱**之中。只要自己活得幸福，就是對**勇氣陷阱**的最大報復。

不斷挑別人的毛病，
自己也不會
變得更好喔！

有些人只要碰到稍微偏離世間禮俗的狀況，就會立即抓住別人的小辮子，得意洋洋地出口批評。阿德勒心理學有云，喪失「勇氣」的人，就會不自覺地透過言行，企圖挫敗周遭他人的勇氣。其中的代表包括「嫉妒」、「眼紅」、「過分批判」（如果這個人是上司或同事，就真的糟透了呢）。現代社會對外遇、亂搞會投以相當嚴厲的目光，這或許也算是其中一種。

日本是在明治三十一年（一八九八年）的民法中，採行了現今的一夫一妻制。這僅僅是大約一百年前的事情。江戶時代的後宮「大奧」等例子自然不用說，過往側室或「妾」之所以受到認可，是為了獲得男嗣來繼承血脈。非男孩不可的文化規範，成為了一夫多妻制的骨幹。

不過貓咪所採用的並不是一夫多妻制，而是「一妻多夫制」！箇中究竟有何緣由？

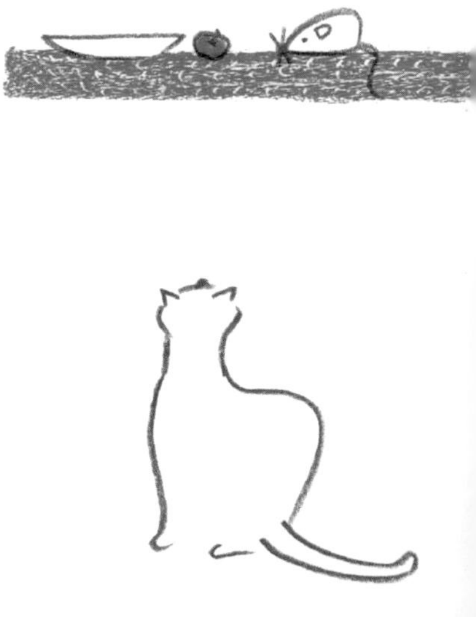

看見剛出生的小貓們，你是否曾對牠們的色彩、花紋產生了疑惑？由一對白貓所生下的小貓當中，不知為何竟摻雜著虎斑花紋的孩子，又或者所有孩子的花色，全部各有不同。這並不是花色發生了突變。單純只是裡頭混有雄性虎斑貓的孩子罷了。

貓咪的繁殖方式，跟人類大異其趣。

首先，產下的幼崽數量很多。每次生產平均會產下約四隻小貓。

接著，每次生產都可能同時產下不只一隻雄貓的小孩。父親不只一個。而且，是同時。

雌貓進入發情期後，子宮內就會準備好數顆卵子。這些卵子會有排卵時間差，錯開受精的時間點，就能同時懷上不只一隻雄貓的小孩，這就是貓咪的作風。

好比說若有白色、虎斑、花斑這三隻雄貓，且白貓是最強壯的個體，生下的六隻小貓之中，就會出現類似白貓後代四隻，虎斑、花斑各一隻的比例分布。強壯雄貓的基因，會比較容易保留下來。

或許有些人會不甚欣賞此種繁殖方式。不過採取這類繁殖方式的動物，除了貓咪還有別人。我認為在生物中邁向進化頂點的應是鳥類，雖然牠們是維持一對一伴侶的物種，在生下來的小孩之中，似乎還是經常混有一至兩隻其他雄鳥的後代。為什麼貓咪跟鳥的進化方向都會選擇同時產下不只一隻雄性的後代呢？

這是為了避免物種的滅絕。

讓我們試著以老鼠為例。有一種叫做利什曼原蟲症的傳染病。對有著不同遺傳系統的A、B鼠隻分別投以此種病原微生物後，A系統的老鼠發燒了，B系統則沒有發燒。所以說哪一方會得救呢？答案是A系統。發燒是身體察覺異常而提升免疫力的狀態。因此唯有察覺體內被投以病原菌、出現異常而予以因應的A系統鼠隻能夠存活；無法產生相同反應的B系統鼠隻，最終則會全數死去。

假如鼠界爆發了利什曼原蟲症的大規模傳染，只要A、B擁有著各不相同的遺傳系統，即使B系統全軍覆滅，A系統仍能存活，老鼠這個物種就能夠逃過絕種的命運。

雖然B系統沒能應付利什曼原蟲症，卻也可能有本事應付A系統無力對抗的其他病原菌。

像這樣混雜著各式各樣的系統，就是為了防止絕種。這不僅僅之於疾病，之於周遭環境的變化等亦是相同道理。

假設有六隻小貓出生，且全部都是同一隻雄貓的後代，當某種傳染病開始流行，將有全體滅絕的

可能。雌貓為了預防這種事態，才會選擇同時產下許許多多雄貓的後代。

雌貓是怎麼分辨不同類型的雄貓？關於這點，我猜測應該是靠著嗅聞雄貓氣味來篩選的。雌貓應該是從「擅長打架」、「能抗病毒」、「能適應環境變化」等各式各樣的要素來選擇對象。

貓咪的「一妻多夫制」，是為了迴避絕種的風險。擁有遺傳多樣性，是為了因應可能出現的所有變化。遺傳上的多元，將會直接影響到一種生物的強大程度。換言之，越是持續進化的生物，就越會貪婪地保有多樣性。

但在這裡我想說的並不是「人類也該仿效貓咪，為了保有遺傳多樣性，而採取一妻多夫制、或一夫多妻制」、「外遇、出軌是必要的」……

請小心別妄下結論，跳脫了社會規範。

人類這種生物是透過學習、努力來升級大腦，而得以在適應環境後延續生命、一路繁殖。此種文化資訊的傳承，在生物學上稱為「迷因」。人類擁有巨大而柔軟的腦，一路上藉由置換更好的思維與知識、或加入新的情報來使迷因進化，藉以追逐幸福。本書所介紹的阿德勒知識，相信也能幫助讀者將腦中的迷因改寫得更加優秀。

因此，對於別人的種種事蹟，或許我們都該再更加柔性，不必去挑太多毛病。

或說，人類這個物種的強項，就在於累積經驗、學習和挑戰，因此我才會覺得，人類在結婚、離婚、挑選伴侶等面向上，或許都可以再更豁達一點……。

3

擺脫「每天都被催促、過度拚命」，變得更自由

Adler&cat
Psychology

期待被稱讚

貓咪令人意外的真心話

我總是在努力著
回應身旁他人的期待。

比起滿足別人的期待，
不是還有更重要的事情喵？

貓德勒老師的建議

太過重視他人的好評和稱讚，若得不到這些東西，就會感到失去幸福（**共依附**）。但這是你自己的人生，幸福和人生的優先順序，都只能由自己決定。

被肯定、被稱讚……
那些什麼的，
真的有那麼重要嗎？

前些日子，我在電視上看到一個實驗：「貓跟狗，誰對飼主比較忠誠？」實驗中準備放有大量食物的盤子，以及只放少許食物的盤子，讓飼主在食物少的盤子旁待命。接著飼主就呼喊位在一段距離外的貓和狗的名字，要牠們「過來～」這時貓和狗會放棄食物多的那邊，而選擇飼主嗎？

此刻，狗兒幾乎都會前往呼喊自己的飼主身旁，貓咪相對有些受到食物較多那盤的誘惑。

我記得在電視上，他們得出了這樣的結論：

「狗兒果然比貓咪還要忠誠又聰明。」

縱然如此，我還是可以清楚斷言貓咪跟狗一樣，甚至比狗還要聰明。這並不是因為我喜歡貓勝於狗（我也非常愛狗）。

貓咪其實是非常不適合參加實驗的動物。因為當人想去推測貓咪的心情，在貓咪的內心深處，會跑出一些疑問：

「為什麼我非得參加實驗不可？」

「我幹嘛非要回應期待呢？」

這點跟會老老實實參與實驗的狗兒和人類大不相同。

因此在本篇一開頭的實驗中，實際上貓咪並不一定是「選擇食物而沒選主人」。飼主在異於平時的環境之中，用溫柔聲調喊著自己，這有可能會使貓咪升起戒心，不願意靠近；更甚於此，我們也難以否認，貓咪有可能早已發現實驗的企圖，所以「刻意不去回應期待」。

既然貓科動物是透過讓對方預測失準來使狩獵成功，因而開創出物種的繁盛（第45頁），相信這點把戲對牠們而言根本就是輕而易舉。貓咪聰明到懂得選擇回應期待與否，導致無法測量……牠們就是如此精明。

接著讓我們來看看人類。若我們感覺別人的期待太過沉重，就沒有去回應的必要。

我在念中學時的志願，是想去念農業高中，而且很早就告訴了父母跟班導。不過等到真正進入應考季，我身邊的大人們卻要求我去念排名更前段的高中。我對於不遵守約定的父母，還有老師選擇跟他們站在同一陣線的態度，感到非常火大。尤其我還以為老師都會考量每位學生的未來，為往後的道路提供指導，結果事情根本就不是這樣，到頭來老師只是按照著成績，建議大家選擇能上的學校而已。我為此感到非常失望。

在這種時候，大家會怎麼做呢？

有些人或許覺得，高中就該先去排名好一點的學校，等到大學再選擇自己想走的路。不過父母卻告訴我，「你大學只能選公立學校」。另外，我這個人是對喜歡的事情能夠全心投入、碰到不感興趣的東西則完全不想管的類型，因此我知道自己沒辦法去念公立大學。

於是當時的我，就選擇「在考試時故意將部分題目留白不寫，讓成績掉到跟想念的學校程度相當」。我只會回答感覺很困難的幾道題目，其他題目則看也不看。現在想來，還真是個狂妄的屁孩欸（笑）。但當時的我認為，這是不需要傷害自尊、也不會對任何人造成麻煩的合理解方。

另一方面，我的父母和老師驚慌失措，企圖為我做決定，但我仍然不願退讓。我的老師百般困擾，於是告訴了我，我想去念的高中有著推薦入學的管道，並安排我跟擔任獸醫師的老師見面。那就是我至今仍深深尊敬的恩師國谷寬老師。

我會想當獸醫師，並且有了今日這樣的發展，都要感謝國谷老師。如果不曾遇見國谷老師，我絕對不會成為獸醫師。人生還真是不可思議呀。

在大部分情況下，我們都會對違背他人期待感到過意不去（我當然也會有這種念頭！）不過，如果活著就必須對身旁人們的價值觀言聽計從，那有幾個身體都不夠用。

在這一點上，貓咪很自由。牠們一點也不會想要受到做實驗的人類稱讚，更別說獲得好評了。貓咪畢竟是在過著自己的人生（貓生？）而不是過著實驗者的人生。看見貓咪完全不搭理我們的意圖之類，我們之所以會受到吸引，或許就是知道自己可能辦不到這樣的事情，所產生的反動。

當符合他人期待變得很痛苦時，當感覺自己好像快要消磨殆盡時，請試著想起貓咪的這番觀點。「真的有必要回應期待嗎」、「自己想要符合那些期待嗎」，試著去挑戰這些前提，或許你就會開啟一個不同的世界。

「感情能否變好」取決於基因

我們看似理所當然地飼養著貓和狗，但這從生物層面看來卻極為特殊。我想除了人類之外，應該沒有哪種動物會去飼養不同物種的動物。

但若說什麼動物都養得起來嗎？卻也不是如此。因為其他物種的動物分成「可馴服動物」和「不可馴服動物」。

舉例而言，我們所飼養的家貓有一個亞種「歐洲野貓」，在基因上跟家貓幾無差異。然而人類無論從多小的時候開始養育歐洲野貓，幾乎都不可能馴服。

其實在這類物種的身上，具備著「對異種生物不具親和度」的基因。此種基因，有可能在整個物種之中發揮作用；亦有可能以物種角度不至太受束縛，但在不同個體身上，則會產生巨大差異。

我們偶爾會看到新聞，說動物園裡的動物襲擊了飼養員，或是被養作寵物的動物逃出家門，襲擊了附近的居民等，無論再怎樣奮不顧身地照養，有些動物就是無法馴養，這也是沒辦法的事情。

此事並不限於哺乳類，魚類和鳥類也是一樣。我曾經從幼魚開始飼養粗鱗黑毛（Girella

punctata），其中一隻「太郎」實在非常親人，只要我拿著飼料過去就會靠上來，我為了換水而用手將牠撈起，牠也完全不會討厭，可愛到不行。而另一隻叫「次郎」的粗鱗黑毛則完全不願親人，每當我靠近，牠就會躲進水缸馬達的陰影下，直直立著身體，彷彿想表示：「我不在場！」

一樣都是粗鱗黑毛，對人類的親和度還是會有極大的個體差異。

各位是否有一靠近水池就被鯉魚包圍的經驗呢？在魚類之中，鯉魚似乎是尤其親人的一個物種。「飼養鯉魚」的文化之所以仍然保留，正是因為此故。另一方面，鯽魚則是不論再怎麼努力，都不太能適應人類。

此外，鸚哥和鸚鵡不怕人，十姊妹等則稱得上是比較少親近人的品種。

在飼養某一種動物之前，首先或許應該先考量到，該物種是否原本就對人類具有親和度。

效率真的那麼重要嗎？

繞遠路的享受法

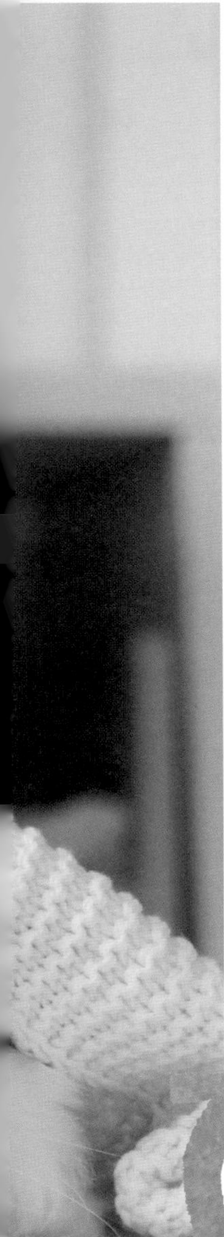

我想要直線奔向目標，
越快越好。

你那麼急，是想去哪裡呢？
通往目標的沿途風景，
一樣也充滿了快樂喔喵

貓德勒老師的建議

人生的意義可不只有抵達目的地。邁進時的沿途風景，有高山有低谷，有森林有荒漠，這才是人生。

人生的幸福，
藏在繞遠路的過程中。

在衡量動物才智的實驗中，經常可見讓動物在迷宮裡尋找食物的形式。不論狗兒或猴子、老鼠，都會直線奔向食物。人類也是這樣對吧？總會設法在最短的距離、用最短的時間獲得獎賞。

至於貓咪呢，當然有一些孩子會朝著食物直線前進，但也有一定比例的孩子「不會直接前往」。牠們會在中途做出假動作，裝作不感興趣。試著停下來、任時間流逝、迂迴前進，有的還會一副不知情的樣子，在那邊躺著滾動之類（笑）。

接著稍微一不注意，食物就被吃掉了……這就是貓咪的行事作風。

貓咪畢竟有著這項特性，因此在「以最短距離盡早取得」的實驗當中，排名很遺憾地進不了前段班。

但若換個角度，去探討是誰比較享受實驗這回事，貓咪大概就會瞬間跳到前幾名了吧。貓咪不會直線地、以最短距離衝向目標，而會這邊多走走、那邊多繞繞。或許貓咪還會覺得其他動物：「那麼急，是要做什麼呢？」

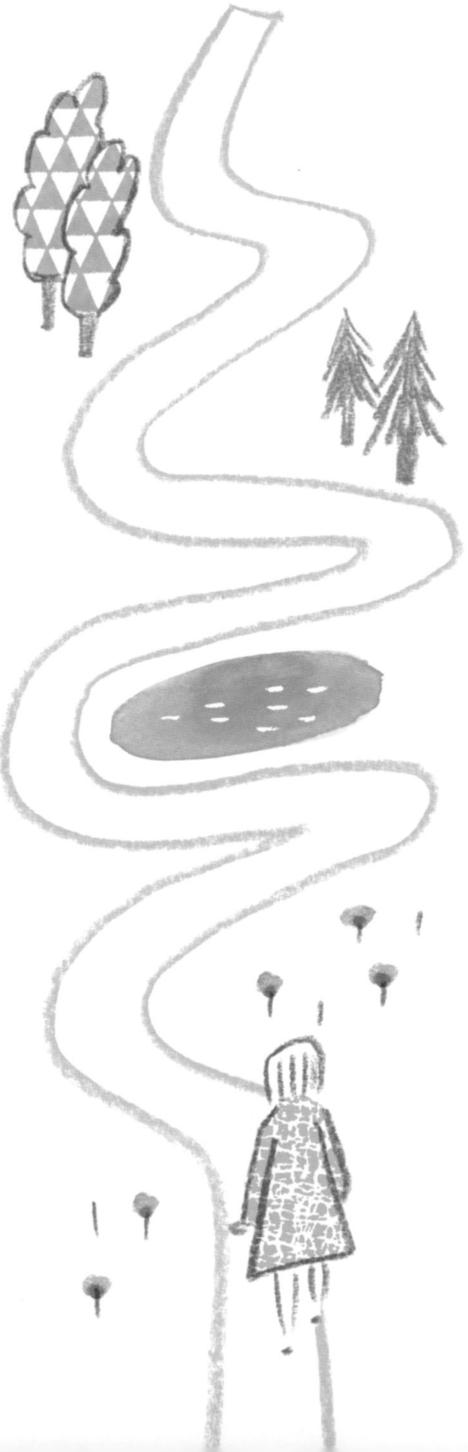

對貓咪而言，只要最後可以得到食物就行了，因此找不到理由像其他動物那般焦急。

說著這種話的我自己，也是向貓咪學習生活之道的其中一人。目前我效仿著貓咪，在人生中盡情享受著繞遠路之樂（笑）。都五十歲了還在國外做著動物營養學和野生動物的研究。雖然遠遠不及貓咪，但我認為剩下的人生，若能活出貓式風格，應該會很幸福。我應該還會繼續、不斷地繞遠路下去。

懂得休息

貓咪總是泰然自若

其他人都在努力，
卻只有我自己在休息，
別人會怎麼想我，讓我感到很不安。

勉強配合他人行事、
看到別人不努力又**感到焦躁**，
這些都該稍微**喊停**喵。

貓德勒老師的建議

假使「自己休息時對方會感到不愉快」，有課題需要解決的人是對方。如果你需要休息，那就休息。基本上「對方的課題是對方的，自己的課題是自己的（**課題分離**）」。面對自己的課題，才是最重要的。

貓咪睡覺的姿勢
「從容自在」。
你睡覺的姿態，
是什麼樣子呢？

我們似乎相當不擅長「**分離思考**（＝不做比較，直接掌握事物的原貌）」。這在談論貓和狗的時候也是一樣。將身體結構原就完全不同的貓跟狗拿來做比較，說著「貓比較～」、「狗比較～」來區分好壞，我覺得這是很奇怪的事情。

例如人們會說「貓總是懶洋洋的，比狗懶惰許多」，但貓咪身體組成的基本架構，跟狗截然不同。狗的身體是以「能夠持續直立站著」為前提所構成的，與此相對，貓的身體則是以「能夠以驚人爆發力高速移動＋除此之外都很放鬆」為前提所構成的。

順帶一提，人類的骨骼也是以能夠持續直立站著為前提，是從腳底向上堆疊起一塊又一塊骨頭的結構。為此，身體「站著」的時候才是最原本的姿勢。坐著的狀態，其實會對身體造成負擔。久坐之所以引發腰痛，是因為對腰部造成了多餘的負擔。狗兒也是一樣。

另一方面，相較於其他哺乳類，貓咪體內骨頭間的銜接更有彈性。打個比方就像是彈簧或橡膠的

狀態。彈簧和橡膠太過柔軟，所以很難保持筆直的形狀。貓咪的身體構造也是這樣。因此，貓咪要做出「直立姿勢」會相當辛苦，幾乎可以匹敵人類的「全身運動」。若長時間勉強維持，相信就會感受到人類跑完馬拉松後那般的肌肉疲勞。

「貓咪頭過身也過。」

「貓咪就算頭或背部朝下墜落，也能用腳著地。」

貓咪除了具有柔軟的骨骼結構，肌肉、關節、韌帶、肌腱等處的機能也富有彈性，在其附近的血管等亦具有極高的活動度（容易活動），因此得以擁有上述的體能相關特性。

是以，同樣都是一直躺著，之於人類和貓咪的意義卻完全不同。對貓咪而言，這才是最自然的姿勢。

雖然差異不到貓咪與人類那般，包括人跟人之間，每一個人也都各有不同。但我們卻很容易將自身投射在他人身上，擅自想像他人的想法而感到低落。

「我請假沒去工作，A可能會討厭我。」

「如果我挑戰新的工作，B搞不好會嫉妒我。」

A會不會討厭你、B會不會嫉妒你，根本不得而知。而就算這是事實，那也是A和B的「**課題**」，與你無關。你此時的**課題**，是該看清自己的身體狀況而選擇「休息」、是該去挑戰盼望已久的新工作。記得別被他人的**課題**牽著鼻子走，導致丟失了自己的**課題**。

正如同貓和狗無法相提並論，你也無法拿來跟別人相較相論。因此自身的課題跟他人的**課題**，必須**分離思考**。

重要的是，要去認識自身肉體上、心理上、腦神經上的特徵。對別人而言好的事情，對自己而言未必就好；對他人有幫助的東西，很難說對自己也會產生助益。

這在追求健康、工作方式、飲食、人際關係時的道理全都一樣。希望你能一直記得這一點喔。

超討厭！
但很重要的「水」

本想替貓咪洗澡，卻被抓得全身是傷……你是否有過這種經驗呢？沒錯，貓咪超級討厭水！貓咪不需要洗澡，而且水會讓貓咪感到恐懼，有些貓咪太過激動，甚至還會驚嚇死亡（！）

貓咪會討厭水，是因為過往是從不下雨的沙漠進化而來。只要身體稍微碰到水，貓咪就會來回舔舐，企圖去除水分。

另外，世上最大型的貓咪，體長能夠長到將近一公尺的「緬因貓」，則是在雪深深的寒冷地區進化的。因此牠們的長毛含有皮脂，可以將水排開等，從一開始就具備防水性質。

也或許因為貓咪就是這麼厭惡水，因缺水所引發的泌尿系統疾病相當常見。尿液量過少會形成結石、造成便秘。會罹患足以致命的巨結腸症，也是攝取水分不足所致。

貓咪討厭水的特性是從祖先代代傳承，可想知家貓的祖先利比亞山貓，應該也不曾咕嚕嚕地大口喝水。但牠們會透過狩獵，一同攝取獵物所含的水分。

現代家貓也繼承了利比亞山貓的這項特性，但直到不久之前，這項特性都還不太算是個問題。因為從前日本的貓咪，都會吃到所謂的「貓飯」（在冷飯上淋味噌湯）。貓飯的水分含量約60～70％，跟狩獵可得的獵物幾乎相同。

這種餐點後來被乾燥貓食取代，使貓咪無法再從餐點中獲取必要的水分。如同「乾燥」一詞，之中的水分含量約莫10％，幾乎等於沒有。因此在不得已之下，貓咪才會從水盆等處啪答啪答地喝水，但貓咪本來就很不擅長喝水，無法大量飲用。這也就導致了貓咪缺水的情況。

如果你養的貓咪泌尿系統很脆弱，我建議食物除了乾燥貓食之外，也要使用罐頭貓食。有些貓咪光是吃了罐頭，症狀就會好轉（不過日本市售的貓食，乾燥貓食通常都比罐頭貓食還要營養均衡。請考慮同時並用罐頭跟乾燥貓食）。

此外，貓咪的嗅覺很敏銳，因此如果飲水處太靠近廁所，就會不願意喝水。而且貓咪很快就會忘記喉嚨正在覺得乾渴，因此請盡可能在家中安排至少三個飲水處。並且每天要換水兩次。

關於水，貓咪是非常脆弱的生物。

如何改變負面思維？

貓咪風自我肯定

我時不時就會陷入負面思考。
沒有什麼值得高興的事。

如果能擁有好的口頭禪、
願意自我肯定，
不論習慣、性格，
都可以漸漸改變喵。

貓德勒老師的建議

請對著鏡中的自己，反覆說八十次培養勇氣的話語（第147頁）。只需五分鐘就能完成，光是這樣就能持續改變自己。

呼嚕呼嚕～♪

貓咪的「遊手好閒」，除了身體結構因素之外，還有一項重要的功用。據信當貓咪懶洋洋睡著覺的時候，其實是在治療體內狀況不佳的部位。

此外目前也已得知，當貓咪躺著發出「呼嚕呼嚕」的喉音時，是利用「震動」在調整著身體。

例如就有説法認為，「呼嚕呼嚕～」的頻率應具有降低血壓、調整心跳、減少壓力等效果。

此外除了維持身體健康，貓咪在積極「治療」之際，也會活用「呼嚕呼嚕」。好比説骨折，由「呼嚕呼嚕」所引發的震動，似乎可以修正骨折處的骨頭接合狀態，並且能提升骨頭的免疫力。

「呼嚕呼嚕」這一招，貓咪不僅會用在自己身上，有時也會為了飼主而運用。在你生病時，是否碰過貓咪跑來身邊陪伴？有位女性表示：「在我小時候，有一隻跟我完全不親的貓咪，只有在我肚子痛到哭出來的時候，才會跑來我旁邊呼嚕呼嚕叫。」

這個時候的貓咪，是在將自己呼嚕呼嚕聲所產生的震動傳進家人的體內，試圖治療對方。

當你家貓咪輕巧地靠過來，為你發出呼嚕呼嚕聲的時候，就該稍微留意一下自己的身體狀況了。

這說不定是貓咪在表達著關心：

「你是不是累了呢？」

「我幫你治好喔。」

順帶一提，貓咪發出「呼嚕呼嚕」聲的時刻，以人類的反應而言，可說就等同於「正向思考、稱讚自己的時刻（**為自己培養勇氣**）」。

阿德勒的教誨，後來受到心理學家亞倫．貝克所傳承，他創立認知行為療法，其後發展出正向心理學這個分支。提倡正向心理學的馬汀．塞利格曼告訴大家，正向的心靈狀態有著各式各樣的效用。

某位奧運金牌選手曾經說出「我想自己稱讚自己」這樣一句名言。這句話無疑是典型的**為自己培養勇氣**。這並不是在拿下金牌後才迸出的一句話，想必選手早從練習的時候開始，就已經不斷這樣告訴著自己了。而我覺得，正因為平時都在**為自己培養勇氣**，選手才能在奧運這個盛大的舞台奪下金牌。

「為自己培養勇氣」的效果非常強大，若你不曉得該從哪裡入門阿德勒心理學，我建議可以試著從這點做起。我相信這必定能為人生創造出永續性的良效，使未來逐漸好轉。

平時非常努力的人，或許不知不覺就會自己鞭策自己。不過，一直維持這樣的狀態，最終一定會很疲憊吧。

別總是那麼拚命，有時也要讓自己成為貓咪，試著放鬆無為。接著在放鬆無為的過程中，請試著稱讚總是在努力的自己。這就是阿德勒心理學的一種入門之道。

阿德勒老師推薦的自我肯定

我正在前進！　正在前進!!　正在前進!!!（但我不焦急）

我已經贏了！　已經贏了!!　已經贏了!!!（但就算輸了也不要緊）

很順利！　很順利!!　很順利!!!

不要緊！　不要緊!!　不要緊!!!

感覺很棒！　感覺很棒!!　感覺很棒!!!

壓倒性有利！　有利!!　有利!!!

有機會！　有機會!!　有機會!!!

我很幸運！　很幸運!!　很幸運!!!

感覺比預期中還要好！　感覺很好!!　感覺很好!!!

事情很順利！　很順利!!　很順利!!!

我會自己完成！　自己完成!!　自己完成!!!

雖然這樣也很滿足！　很健全!!　很順利!!!

要享受！　要享受!!　要享受!!!

很幸福！　很幸福!!　很幸福!!!

從這裡看出
貓咪的心聲

貓咪似乎總在懶洋洋放鬆著。不過雖然一直躺著，貓咪卻也不是二十四小時都在輕鬆放空。尤其牠們的耳朵，不論什麼時候，總在不斷運作，貓咪隨時都做好了準備，能在有事發生時即刻行動。因此當貓咪慵懶地躺在那裡，無論看起來有多閒適，只要聽見一點聲響，仍能啪地轉向該處或站起身子來。

我想介紹一隻朋友飼養的米克斯雄貓M。牠生來就憎惡人類的成年男性。例如當朋友家中有男性訪客，在此人按下電鈴的同時，M早已不曉得躲到了哪裡去，一直到這位男性回家之前，絕對不會出來見客。哪怕這位男性有多愛貓，在家裡四處搜尋想跟貓玩，據說就連貓到底躲在哪裡，都找不出半點線索。

M能夠辦到這種事情，同樣是出於貓咪聽力的好本領。據說人類的聽力範圍（上限）約莫是兩萬赫茲，而貓咪能夠聽見的聲音，估計至少為九萬赫茲。要聽見老鼠的叫聲，必須具有這種程度的聽力範圍（我們所能聽見的「吱吱」叫聲，屬於老鼠聲音中相當低頻的音域。高音域的叫聲我們聽不見）。

M在我們察覺之前，就已經聽見訪客的腳步聲，並從聲音判斷出了是男性或女性。客人才剛踏進家門，牠已經妥當藏身，因此就我們人類的角度來看，這實在是相當優異的能力。
這番能力在M懶洋洋放鬆之際，當然也能發揮出來。畢竟貓咪為了隨時都能行動，總是做好了準備。

差點忘記，貓咪的懶洋洋還有另一件事情可談。貓咪睡覺時看起來睡得很熟，經常都在「做夢」。據信在這些夢境中，貓咪大致上都在「練習狩獵」。貓咪乍看之下完全沒在使用身體，卻懂得驅動意念，為必要之時做好準備。說不定你曾經碰過在睡覺時一邊激烈動作的貓咪。那孩子想必是在配合夢境移動著身體吧（笑）。
這時要是不小心伸手過去，被爪子抓到可就糟糕了（第162頁）。一定要小心哦。

流暢地轉換心情

貓咪的癱軟法

只有在工作時
我才能感到充實，
完全無法停下來休息。

無所事事也很重要。
能夠順利調配
努力和鬆懈節奏的人，
才是最強的喵。

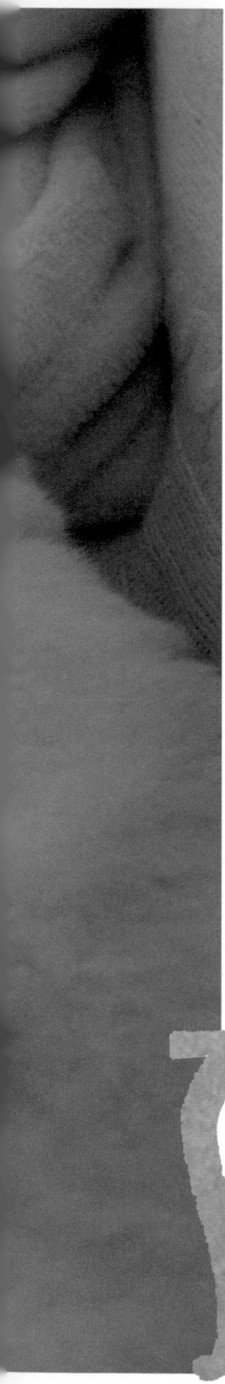

貓德勒老師的建議

我們不妨將教育現場經常活用的阿德勒觀點（培養自立、與社會和諧共處、相信能夠做得到、夥伴意識等），應用於「自我啟發」。取得平衡無論對自己、對社會而言都很重要——將這件事當成口頭禪，不斷告訴自己（**自我肯定**），就能逐漸改變認知結構（**基模**）。

什麼都不做
也是工作的一部分。

看見貓咪從早到晚都悠然自得睡著覺，忙碌不已的我們，總會極盡羨慕，忍不住這樣想：

「好想像貓一樣悠哉地睡覺過活！」

「貓咪真輕鬆，好好喔。」

這也算合情合理，日本人的平均睡眠時間非常短，我們可以從厚生勞動省[1]的「平成二十九年[2]國民健康營養調查」中看出，唯有極少人維持著超過七小時的理想睡眠。男性全體有71%、女性全體有75.5%，都過著睡覺時間未滿七小時的生活。在四十至五十多歲的年齡級距當中，男女都有約11%的人睡眠未滿五小時。在這樣的情況下，看見貓咪會覺得「好好喔～」倒也無可厚非。

不過，貓咪一年到頭都躺著趴著，原因其實超乎睡眠之於人類的意義。實際上，除了骨骼結構因素，貓咪的身體還有一個非躺不可的理由。

話雖突然，當提到「貓咪會吃的食物」，你會想到什麼呢？若我請你舉出幾種，想必很快就會聽

見「老鼠」這個答案。

如同第80頁曾提過的，人類能吃的食物種類比貓咪還多。不過關於老鼠，情況則完全相反。這是貓咪能吃、但人類不能吃的代表性食物。

為什麼我們不能吃老鼠呢？因為老鼠身上帶有強烈的病原性。所以就算老鼠出現，人類既不能碰觸，更別說是拿來吃了。有時人光是飼養老鼠，就會出現類似憂鬱的症狀。這在研究者之間是種知名體驗，讀過獸醫學部的我也曾有體會。老鼠這個物種為求延續生命，似乎獲得了能夠引發免疫異常等的有害性質。

不過貓咪在進化的過程中，也發展出了不輸老鼠的一種機制：貓咪獨有的代謝和免疫能力。

所有動物要活命，都必須持續進行代謝活動。

代謝並非純粹在創造能量和力氣，更包含對身心有毒物質的解毒功用。貓咪會在睡覺期間執行這

1 日本政府機構，權責類似勞動部結合衛福部。
2 即西元二〇一七年。

番代謝活動。

讓我們先來詳細探討一下能量的代謝。

以每天攝取兩千五百大卡的正餐和零食為例，於此之中，成人女性會有約一千兩百大卡、成人男性則是約一千五百大卡，會作為「基礎代謝」消耗掉。基礎代謝是指就算單純躺著也會消耗掉的能量，也就是維持內臟運作等生命活動的必要能量。

除了基礎代謝之外，運動或使用肌肉都會提升我們的代謝量，消耗更多的卡路里。減肥的人之所以必須運動，不僅是為了促使卡路里的消耗量超過攝取量，也是為了透過運動鍛鍊肌肉，以求提升代謝。

貓咪代謝能量的方式，跟我們迥然不同。

目前已知貓咪就算隨便躺著，也有辦法藉由食物的「消化過程」，來將代謝調高或調低。貓咪的身體機制，有辦法在攝取有害食物時提升代謝。

也就是說，就算貓咪躺在那兒，有時身體其實很接近人類全力飛奔的狀態。據說這種能力在全體貓科動物身上皆可見到。

貓咪會提升代謝的食物，除了剛剛說的老鼠，第77頁介紹過的高麗菜也是一例。貓咪會刻意吃下有害的東西，當成提升自身代謝所必須的「強度鍛鍊」。

貓咪乍看之下在睡覺，其實免疫活動就在此時運作，正在分解著吃進體內的毒素。獵物體內所含的有害物質、病原微生物等，都會在消化活動中獲得活躍的解毒和處理。在一樣會吃老鼠的貓頭鷹身上，似乎也有類似的機制。

貓咪隨時隨地一副悠然放鬆的模樣，據推測也是為了集中心力執行有害物質的中和作業。看起來好像很慵懶，其實體內的重要機能正在運作呢。貓咪之所以不散步，也是因為不太需要像狗狗那般透過運動來幫助代謝。貓咪具有一種機制，會透過吃下對身體有負擔的東西之後躺在那兒，將代謝提升到類似於運動的程度，藉以鍛鍊免疫力。

對於想要減肥只能每天運動的我們而言，這或許相當令人欣羨（不過想到必須得吃老鼠，或許還是只能回頭乖乖運動了）。

想當然耳，人類的睡眠並不具有貓咪代謝時的那般功能。這是不是說，我們睡得少也沒關係囉？

或許你會這樣想，但當然沒這回事。

人類也有一些事項，唯獨在睡覺時才能辦到——修復身體、清洗大腦、固定記憶。

睡覺期間會分泌生長激素，這點孩童和大人都是一樣。生長激素除了如字面上促進「生長」，還負責幫助我們的肌肉和內臟修復再生。另外也已得知，唯有在睡眠期間，才能排出腦部所累積的老舊廢物。將記憶固定於腦中的作業，亦是在睡眠期間執行。為此人類大約需要七個半小時的睡眠。統計數據也已證實，睡眠時間約七個半小時，最有可能長壽。

說起來，聽了這麼繁瑣的話題，是不是覺得有點睏了呢？有時不妨也像貓咪那樣悠哉、躺在那裡度日，你覺得如何？

沒問題的。就算在睡覺期間，身體跟大腦的重大機能仍會持續運作，因此這些時間絕對不算浪費喔。

4

應付「對於未來的不安」

Adler&cat
Psychology

別畏懼失敗

貓咪懂得放眼未來

我很介意過去的失敗，
面對新挑戰時，
總會感到躊躇不定……

你這樣不就是
把過去的失敗
當成不去挑戰的藉口喵？

貓德勒老師的建議

過去和他人是無法改變的。不過，對過去事件的看法，卻是可以改變的。要將過往失敗視為創傷，或是當成下一次的借鏡呢？這可以由你選擇。

乍看之下失敗了……
但回過頭去看，
或許會是
成功所必經的路途！

阿德勒心理學不講求「原因論」，而是採取**「目的論」**的立場。

所謂「原因論」，就像第158頁那位女性的煩惱般，是「過往失敗（原因）導致無法挑戰」的姿態。我們很容易就會陷入這種思維當中，例如會斷然覺得：「我長得不討人喜歡（因為有這個原因），所以我不想告白。」

不過，一樣是「不想告白」這回事，其實也等同於將原因當成藉口，來達成避免告白風險的這番「目的」，這就是阿德勒心理學所說的**「目的論」**思維。換言之，拿原因來當理由，企圖迴避某種風險的人，其實達成了「迴避風險」這項目的。

因此只要能夠擁有正向的「目的」，哪怕是「過去的失敗」，也能逐漸變得有益。事情就會變成：

「將過往失敗引以為鑑，試著（以成功為目的）挑戰吧。」

「為了避免重複過去的失敗（以此為目的），試著挑戰吧。」

我們將能像這樣子去思考事情：「我想透過告白（以此為目的），讓自己變得更討人喜歡！」

在狩獵時看似總在經歷「失敗」的各種貓科動物，對於失敗有著某種堅韌。牠們能夠成為君臨動物界的王者，是有原因的。其實貓科動物在一次次的狩獵當中，並不追求「完美」，但也不會是「純粹失敗」。仔細觀察將會發現，之中藏有足以幫助生命延續的頑強。

在紀錄片節目等處，有時會看見貓科肉食動物的狩獵場面。看著那般景象，就連我們都會不自覺繃緊身體對吧？

獵豹在草原上全速奔馳（時速約100km）。在那前方，有隻飛羚（跟鹿很像的草食獸，時速約60km）也在全速逃跑。兩頭動物的距離逐漸縮短。獵豹伸出爪子撲向飛羚的臀部，只差一步了……就在此時，獵豹卻不知為何放棄了到手的獵物，選擇留在原地。相信一定有人曾對此感到難以置信。

獵豹明明只要再加點油，就可以抓到飛羚了。但獵豹卻選擇放棄，難道這代表著貓科動物很沒「毅力」嗎？

各位家中所養的貓咪，說不定也有類似的情況。碰到有小蟲子跑進家裡，貓咪就「咻地」撲上去想要抓住……原本以為是這樣，結果下個瞬間貓咪又像是「啊，我不行了」，意興闌珊地轉身離去……

「咦！拜託也再多加點油吧～」

我彷彿都能聽見飼主的心聲了。「這樣在大自然裡可是會活不下去的耶」，你是否會這樣想呢？

貓科動物的狩獵紀錄片節目，只會演到這裡為止。不過在電視螢幕的外頭，其實還有後續。飛羚看似成功逃脫，但最終仍有極高的可能性，會成為獵豹的盤中飧。

貓科肉食動物的爪子和牙齒，具有弱化對手的效用。因此就算飛羚當場逃掉了，等到傷口惡化化膿，還是會變得衰弱。

接著，貓科動物就會找到下一次機會，再度襲擊弱化的飛羚，給予致命一擊——這就是牠們所採取的狩獵方式。因此在第一階段只要能抓傷獵物即可，就算沒有當場手到擒來，牠們也會覺得「嗯這樣就差不多了啦」。雖然不完美，既然已經著手（著爪），有了小小的成功就ＯＫ了。

順帶一提，在被貓咪抓傷時必定要妥當處理，就是出於牠們爪子和牙齒的這番性質。甚至有一種疾病就叫「貓抓病」，傷口很容易化膿、且容易留疤，因此一定要多多小心。

獵豹看似從一開始就失敗，實則早已透過撲上一爪，為下次狩獵鋪好了成功之路。乍看「失敗」的情形，其實會成為下次成功的墊腳石。這就是貓咪們教會我們的事。

「貓咪會在暖桌下縮成圓球」是真的嗎？

每當下雪時，貓咪就會在暖桌下縮成圓球……如同這段話所述，原本是從叢林和沙漠進化來的貓咪們，非常不耐寒。也有不少貓咪，每逢冬天身體就會突然出狀況。

感冒是貓咪身體不適的一種常見情形。許多案例都會因此失去食慾並變得衰弱。因此在冬季時，要替貓咪準備約兩處睡床，最好要能配合著貓咪的身體狀況移動位置。大致上會需要平時放在地上的睡床，以及比較靠近天花板、有暖空氣聚集的睡床。

阿比西尼亞貓、暹羅貓等短毛種尤其不敵冬天。粗略而言，身體小、毛又短的品種，請都要視為不適應冬天。

就好比北極熊的體型，約是在熱帶進化的馬來熊的兩倍大，在寒冷地區進化的動物，體型會比較大；在溫暖地區進化的動物，則通常體型較小。物理法則「伯格曼法則」就是在說明這個現象。

身體越小，相對於體重的體表面積就會變大。以質量相同的糖粉和方糖為例。糖粉的溶解速度壓倒性地飛快，就是因為表面積比較大，接觸水的面積更為廣闊所致。

相同道理，小型動物單位體重的體表面積比較大，因此在熱帶進化的動物會透過小型身體來擁有更大的皮膚表面積，藉以從身體散熱。另一方面，在寒冷地區進化的動物，則是藉由巨大體型來縮小皮膚的表面積，防止身體散熱。

貓咪也是一樣。「緬因貓」、「挪威森林貓」等在寒冷地區進化的貓咪，體型經常都很大，就是因為有著不容易從身體散熱的特徵。

日本貓咪也不太能夠耐寒。相較於原產於熱帶的貓咪，日本貓咪的身體有較多脂肪，因此還算可以撐過冬天。即使是米克斯等無法得知確切品種的貓，如果是體型小的短毛種，就要預設成無力抵禦冬天，最好要幫忙準備溫暖的睡床。

只要舒適度過冬天就能常保健康的貓咪，多得令人吃驚。

未來是由「現在」累積而成

貓咪靠爆發力決勝負

我對未來感到很不安。
這樣下去
真的沒問題嗎？

現在你**非做不可**的事情，
並不是對未來感到不安，
而是**好好珍惜這個瞬間**喵。

貓德勒老師的建議

貓咪以爆發力為主力，耐力就算經過訓練也無法培養。因此牠們總是在當下決勝負！所以貓咪在下判斷和實行上都很迅速。貓咪是活在「這個當下」的動物。

此刻，在這一瞬間全力以赴。

我相信在學生時期，許多人都很討厭為冬天舉辦的長跑和馬拉松做練習。其實在冬天練跑，具有醫學性的效用。在還很寒冷的時期充分練跑，體內就會製造出一種名為「熱休克蛋白」的蛋白質。此種蛋白質的作用，是在炎熱等壓力下保護身體的細胞。因此在冬季時練跑，將能在半年後的盛夏酷暑中守護身體。運動員就是知道身體的這項機制，才會在冬天時奮力練跑。

這種蛋白質不只人類，在狗兒體內也會生成。因此如果家中狗兒很怕熱，建議飼主可以在冬天讓狗狗好好奔跑。

人類和狗兒都能透過這種訓練來培養耐力，貓咪則辦不到這樣的事情。貓科動物從太古之時，就已經將爆發力當成了生存武器。這是因為，貓科動物無法鍛鍊耐力。

即使是貓科中最擅長奔馳的獵豹，奔跑十多秒已是極限。獵豹從開始飛奔的兩秒之後，就會達到時速75km。在這短短的兩秒間，呼吸頻率會從每分鐘六十次變成一百五十次，由體內生出的熱量則會增加至五倍。

當獵豹的體溫上升至40.5℃，其時速就能到達100km。

沒錯，貓科動物越是奔跑，對身體的負荷就越沉重，因此完全不適合「持續追逐」獵物。說得極端點，其實「光是要撲上前去，就已經快不行了」。第161頁談到獵豹打獵，牠並不是「明明再一下子就能追上卻選擇放棄」，而是單純沒辦法再繼續跑下去。這當然不是「有毅力／沒毅力」的問題。這是體溫上升有其極限，再加上肌肉類型的問題。

在聊貓科動物的肌肉之前，我要稍微講點別的。請容我先談談魚的事情。魚可以分成石斑魚、鯛魚這類「白肉魚」，還有鮪魚、秋刀魚、沙丁魚這類「紅肉魚」對吧？其實這兩個類別，並不單純是肉色差異，它們的性質根本全然不同。

白肉魚會獨自行動，以其他魚類為食，稱霸於食物鏈的「高位」。換句話說也就是掠食者、獵人。掠食時的爆發力比什麼都更重要，除此之外的時間，白肉魚都會悠悠哉哉地待在沙子裡頭。白肉魚這般重視爆發力的魚種所擁有的肌肉，稱為「白肌（快縮肌）」。因

為肌肉是白的，所以才稱為白肉魚。

另一方面「紅肉」魚則具有耐力，隨時都能成群持續游泳。有些物種像是鮪魚，如果不持續游泳，甚至會無法呼吸，最終死亡。這類著重耐力的「紅肉」魚種，身上長著「紅肌（慢縮肌）」。

海洋裡就像這樣分成白肉的白肌魚種，以及紅肉的紅肌魚種，相當好懂。若比喻成奧運選手，白肉魚就是跑百米的選手，紅肉魚則是馬拉松選手。短距離型和長距離型分得相當清楚。

這下我們已經瞭解這兩種肌肉，可以回來討論貓咪的身體了。

如同前面篇幅所述，貓科動物在食物鏈中居於高位。此外很重要的，是捕捉獵物時的「爆發力」。貓科動物的肌肉，全都是由人稱「白肌」的爆發力型肌肉所組成。

在家裡跟貓咪玩耍時也是一樣，才剛撲了過來，卻又突然不悅地跑掉。看見貓咪這個模樣，大家可能會說「貓真容易放棄」、「忽冷忽熱的」之類，但這不是性格的錯，而是肌肉的性質所導致。貓咪原本就沒有長時間玩耍所需的耐力。

人類對貓咪性格的想像，我想經常都是出於這類身體構造所帶來的現象。就貓咪的觀點而言，因身體構造所引發的行為，卻被人解讀成那樣，想必是「一大困擾」吧。

此外前面曾經提到，貓爪即使抓出小傷口也很容易化膿（第162頁），這應是為了彌補身體耐力不足所進化出來的機能。

貓咪們盡全力運用由白肌所組成的身體，一路存活到了今天。下次一起玩耍的時候，可別再怪罪牠們一下子就意興闌珊，而要好好稱讚牠們的爆發力。相信以後跟貓咪玩耍，一定會比從前更加歡樂。

順帶一提，據說人類的身體同時具有白肌和紅肌。而且目前已知，只要透過持續鍛鍊，就能打造出同時具有白肌與紅肌能力的粉紅肌。

正確說來，肌肉分成白肌（快縮肌Type IIa、IIb）跟紅肌（慢縮肌Type I），IIa具有類似紅肌的耐力機能。白肌跟紅肌的基礎比例，會受到遺傳所影響，但若願意努力（耐力訓練），就能將白肌IIb轉換成IIa。另外透過訓練，也能幫助各類肌肉變強變壯。

這樣想來，人類可說有著一種特性，不僅大腦，包括肌肉也能藉由學習和努力持續改變。或許就是因為這樣，我們才會老是心繫未來，而不去重視「此刻這個瞬間」。若能發揮正面功效那倒還好，但若只是不斷受困於糟糕未來的想像之中，那就太可惜了。

未來是由「現在」所打造而成。感到不安的時候，不妨試著想想貓咪那活在當下的生存之道。

貓科動物的頂尖對決

說起「動物界之王」，你會想到什麼呢？

相信大家的腦中，必定浮現了獅子的身影吧？在風中飄揚的金色鬃毛、穩健的身體、響徹稀樹草原的吼聲，看來皆是無比強悍。怪不得會被稱為「萬獸之王」。

尤其雄獅帶領獅群的凜凜英姿，宛如體現著領袖風範，也可稱為一種強大的象徵。

不過，其實「獅子」在貓科動物裡頭，絕對不算最強。不僅如此，從動物的進化過程看來，其排名甚至比家貓還要「後段班」。這究竟是怎麼一回事呢？

排名❶ 住叢林為勝者，住稀樹草原為敗者

舞台在非洲。一直到大約四千萬年前，這個地區都覆蓋著叢林。不過經過急遽的氣候變遷，大地漸漸轉變成了草原。叢林裡曾有許多能當獵物的生物，到了草原上，獵物數量卻少到難以比擬。

自然界是弱肉強食的世界。條件較好的土地（安全、食物多的場所）會被強者奪走，在爭奪中敗陣的那方，只得逃向更嚴峻的環境。肉食動物之間、草食動物之間都在相互爭奪，藉以確保自身生存所需的土地。

為此，強者得以留存於叢林之中，弱者則被驅逐至草原之上；在這番生存競爭的迫使之下，才

形成了現今的棲息範圍。這也就是說，相較於住在稀樹草原上的獅子，至今仍然棲息於叢林的老虎、花豹等，排名可說確實比較「前段班」。

排名❷ 獨自生活為勝者，群體生活為敗者

此外獅子也是罕見行群體狩獵的貓科動物。獅子的祖先原本也跟其他貓科動物一樣獨自狩獵，但在草原這種乾燥至極的開闊土地上，想成功狩獵就有結群的必要，而群體亦能保障自身的安全。

說得極端些，普遍認為獅子在草原上沒辦法單槍匹馬地存活下去，因此才選擇了結群。這也就是說，「獅子王」只是人類所編織出的夢幻故事。實際上的獅子，根本不像大家的印象那般，具有壓倒性強大的地位。

雖說如此，獅子的適應能力仍有驚人之處。貓科動物基本上會單獨行動，獅子經過適應，成為了唯一具有明確社會的貓科動物。這番適應能力，使得獅子不僅在草原，即使在乾燥林、灌木林，以至於在沙漠都能生存。

另外，有一部分的獅子個體居住在非洲和亞洲的森林中。住森林的獅子不會形成社會，而是獨自生活。人類本能性地將獅子視為最強，或許是對牠們的適應能力抱有敬意呢。

排名❸　狩獵效率越好，排名越前段

肉食動物的狩獵，大致上分成兩種。

第一種模式，是弄傷草食動物身體的某處，讓對方弱化後再狩獵。獅子、老虎等貓科動物，又或者狼匹等，都是用這種手法在狩獵。比如會咬住動物的喉嚨等處；又或者讓草食動物的臀部等處負上重傷以奪取體力。這樣一來，草食動物就只能等死了。這種方式在團隊出擊時會是很大的優勢，但若對手是大型草食動物，則會伴隨著危險，而且對手如果負傷不重，最終亦可能逃之夭夭。

這種狩獵模式，以西表山貓尤顯特殊。就連在襲擊雞隻等獵物時，牠們也會反覆亂咬、亂抓一通，以不得要領的方式設法捉住獵物。

另一種模式，則是破壞草食動物的神經，麻痺獵物的神經後令其身亡。這種狩獵模式會鎖定脖子的第二節頸椎，在咬到的瞬間用牙齒啪吱咬斷。這樣一來，通過內部的神經就會麻痺，即使是大型動物，也會變得完全無法動彈。就我所知，僅有花豹等部分貓科動物，會採行這種效率極高的狩獵方式。

在貓科動物襲擊草食動物之際，如果一場狩獵真的是在須臾間告終，那想必是採用了後者的做法。在「能獨自完成有效率的狩獵」這層意義上，無人能出花豹其右。

正如第20頁提過的，花豹的這番狩獵能力，也不是跟人類毫無關係。光一隻花豹就能讓人類膽顫心驚，這在過往或現今都不曾改變。花豹隱身、襲擊對手的能力實在太過卓越，因此就算有槍枝等工具，仍然不是花豹的對手。

不僅如此，花豹的習性是會將自己看上的動物徹底吃光，因此喜愛人類氣味的花豹，就會一次次侵襲人類。很恐怖對吧！花豹多半腦袋精明，會選擇靜靜生活，不去危害人類。為此在瀕臨絕種的大型貓科動物之中，推測花豹最有可能存活到最後一刻。

如此這般，貓科動物就算只有一隻，仍能讓人嚇到下巴掉下來。相較於狗兒有著各種大小類型，我們所養的貓咪則幾乎體型相仿，這可能也包含著一個面向：如果選得太大隻，人類有可能會無力控制。

找不到「正確答案」就不安

貓咪的尊嚴和深情

生病、意外、金錢……問題
我對未知的未來
總是感到茫然不安。

該怎麼跟茫然不安共處，
或許沒有正確答案喔喵。

貓德勒老師的建議

思考沒有正確答案的問題時，認真看待「對方重視著什麼」，是個尤其有效的做法。讓我們學會阿德勒稱為「**尊敬**」（＝接納對方的原始模樣）的思維吧！

重要的是，
你選擇如何看待
「沒有答案的問題」。

「我養的貓生病了！該怎麼辦才好呢？」

做著跟動物相關的工作，有時就會碰到別人找我商量這類事情。尤其是難治性疾病（癌症、腎衰竭等）的情況，總是會煩惱究竟該不該治療。

或許你會覺得，假如做治療有可能痊癒，不論什麼都願意為貓咪做。相反地，或許你則是覺得，如果治療反倒會害貓咪受苦，不接受治療也是一種愛。

而不論如何，如果想要治療，就會花費時間和金錢。每隻貓咪的狀態各有不同，家中的狀況也不一樣。我無法一概建議「這樣做就對了」。

不過，這件事對大多數貓咪而言卻很重要。人類覺得重要的考量，對貓咪則未必如此。關於這點，我在臨床處理許多貓咪的場面中，漸漸有了瞭解。

因此在這裡，我想分享「對貓咪而言重要的事情」。

大多貓咪所重視的事情，可以大致分成下列兩點。

自己的尊嚴

貓科動物在恐龍絕種後擊敗了恐鳥類（肉食性巨鳥），牠們的尊嚴和高貴，是在當上地表霸主後三千萬年間所培養出的物種特徵。

愛（來自飼主的愛、貓咪對飼主的愛）

貓咪對自己認定是「家人」的對象，會付出極深的愛，且會渴望被愛。例如相信許多人都曾在網路影片中，看見有人家裡養的貓咪，擊退了打算襲擊孩童的大狗。這是出於貓咪深切愛意的舉動。不論哪一隻貓咪，內心都藏著深似海的愛。

這兩點就是貓咪看得跟自己生命差不多重的重大事項。因此當我碰到飼主像本篇開頭那樣，請教關於難治性疾病的選擇時，我總會告訴他們，比起化學療法（透過抗癌藥物等予以治療）或手術，盡可能一起度過剩下的時間，或許會更重要。我想貓咪也會希望能跟最愛的飼主，一起度過保有尊嚴的時光。

如果貓咪是養在家外頭，據說當貓咪領悟到自身的死期，就會隱藏蹤跡。貓咪就是這麼不希望被人類看見自己臨死的模樣、受苦的模樣。但若決定治療，就必須在醫院裡插著管子。在意識不清的狀態下，疲憊不堪的模樣，全都暴露在飼主以外的人類面前。這對高傲的貓咪而言，是再難受不過的事情了。

心一橫選擇「不治療」，對飼主而言或許相當痛苦。不過，比起飼主的自我滿足，若能抱持著見證貓咪完整生命歷程的心態，對貓咪這個跟自己不同的物種持有尊敬的念頭，你的想法或許會有所改變。

為使貓咪保有生而為貓的完整直至最終，我希望大家都能考慮擁有一段時光，向貓咪表達「我最愛你了喔」、「謝謝你」等心意。

話又說回來，對貓咪而言很重要的兩件事，我想對許多人類而言，應該也稱得上重

要。

身為人的尊嚴——為此需要些什麼人各有異，之中或許也包含著獨立心態、社會地位、金錢等等——從他人身上獲得的愛，還有對他人付出的愛。

在真正受苦的時刻，若能有值得信賴的人陪伴身旁，又或者有深愛的貓咪相伴，相信有時候光是這樣，內心的沉重負荷就能減輕。尊嚴很重要，但我總覺得現今的人類，有點將社會性、經濟性的東西看得太重了。

試著將著眼點再稍微轉向愛，不也是一件很重要的事情嗎？

維護貓咪尊嚴的請託

當貓咪生了病，該怎麼守護牠們的尊嚴呢？

❶ 尋求值得信任的獸醫師

生了病，飼主跟貓咪都會很不安。此時就要選擇值得信賴的獸醫師。這是指從平時就有來往、為人值得信任的獸醫師，而不是光看評價或受歡迎程度。

❷ 貓咪會罹患何種「難治性疾病」？

貓咪容易罹患的「難治性疾病」代表，就是腎衰竭。這是稱霸貓咪死因第一名的一種泌尿系統疾病，是不會痊癒的疾病。

另外，貓咪的癌症發展速度非常快。其惡性比例很高，治癒的可能性通常很低，因此雖然遺憾，抗癌藥物等治療不起作用的情形所在多有。診斷出癌症的貓咪，壽命約只剩下三個月，非常短暫，最好要做好心理準備。養過越多貓咪的獸醫師，經常越不建議治療，原因就在這裡。

發現癌症的時候，大部分人可能都會感到痛心疾首自問「是不是做的治療還不夠好」、「當時如果我有怎麼做，是不是就不會變成這樣」。但更重要的事情，其實是好好珍惜最後一段時光。貓咪也能感覺到自己的生命將要結束，而且會為最愛的飼主感到擔心。請好好接受貓咪對你付出的這份愛。

另外，貓咪在「臨死時」最會展露出牠們的自尊。你是否曾聽過「貓咪會躲起來死去」的說法？大多數的貓咪，是真的會選擇前往人類找不到的地方，悄悄地死去。貓咪領悟到自身將死，因此會決定想怎樣死亡。

貓咪會自行選擇死去的場所，因此也可能選擇在飼主的懷抱中辭世。這是我朋友的故事，她在小學時所養的貓咪，突然纏著她媽媽要求抱抱。媽媽說「真拿你沒辦法」而將貓咪抱起時，那隻貓咪就突然死去了。後來她在婚後養了FUKUFUKU、SHIMAO這兩頭雄貓，最終FUKUFUKU得了癌症。在感覺可能很危險了的那一天，她有事不得不出門。她誠心祈求著「希望別在我不在的時候死去」，回到家中發現，FUKUFUKU奄奄一息，姑且還活著。當她輕輕抱起FUKUFUKU，電話突然響了。在她反射性地想去接電話的當下，FUKUFUKU冷不防咬住了她的手臂。我想以FUKUFUKU的角度而言，應該是在說「我等了妳那麼久，妳卻要去接電話！」據說她一邊大聲哭泣，一直抱著FUKUFUKU，直到牠的眼睛失去了神采。我曾經聽聞過許許多多這類的故事。

貓咪不僅會選擇生存之道，也會自行選擇死亡之道。

後記

我一直都有個目標，「將阿德勒心理學和最新的心理學等運用於實際生活，從中獲得益處」。在很多情況下，與其想到腦袋打結，去觀察、接觸跟人類有著不同優點的貓科動物，向牠們學習，反而既簡單又效果十足。尤其在感到疲憊、心中懷有人際關係等煩惱的時刻，相信這本書將能發揮效用。

在本書中，我將阿德勒心理學及受其影響所發展出的心理治療法等內容，都當成「阿德勒的教導」。若讀者因本書而對心理學產生了興趣，不妨再去探索阿德勒心理學專業書籍，以及在阿德勒之後所成立的眾多心理治療法（認知行為療法、艾里斯的理情行為治療法、伯恩的溝通分析、馬斯洛的人本心理學、塞利格曼的正向心理學、薩提爾的家族治療、短期心理治療、榮格的基模療法等）。

話說回來，阿德勒心理學之中有個最重要、且最受容易受到討論的概念「社會情懷」。看過本書之後，有些人可能會覺得：「貓咪本來就是不會結群的肉食動物，怎麼可能會懂那種感覺嘛！」不過我的看法是，貓咪同樣也具有社會情懷。想得淺顯一些，就像地方貓咪們所開的聚會等。放大到地球層級去想，牠們則是守護綠意（森林、草原等）不被草食動物吃光的重要角色，是「地球生態系」這個共同體的其中一員。生態系的話題看似跟心理學沒什麼關係，但透過這個概念，你應該就能體會到，心理學中的社會情懷並不是空想，而是能在現實中以科學語言談論的目標。人類目前的立場，有著一個選項，能夠去實現地球層級的社會情懷。包含地球生態系在內的社會，以至於透過個人身分，若能以永續性的健全幸福為目標，相信將能孕育出更優質的生態系，即社會情懷，持續維繫長期的繁榮。

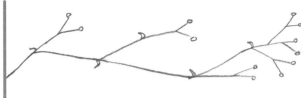

這本書籍成書的起點，始於我跟極愛貓、且對寵物收容問題研究甚多的黑坂真由子小姐在四年前的一場採訪。文響社的宮本紗織小姐以勇氣十足的提案，企圖探討覆有神秘面紗的貓咪生態跟阿德勒心理學間的共通性質，並且有始有終地擔綱編輯工作。如果沒有她，這本書就不會問世。在這層意義上，這本書籍是由我們兩個人所打造而成的。另外，百聞不如一見，我之所以能一眼看出貓咪和阿德勒間的相似性質，都要感謝在本書之中經常登場的三隻貓咪——SORA、AMERI、KANURE。還有，我要向這些孩子的母親Riepoyonn小姐致上謝意。

很幸運地，如今在我們周遭，仍然有活生生的貓德勒存在著，當你需要生存的勇氣和啟發時，只要凝視牠們的眼瞳，相信必定能夠獲得支持的力量。

貓咪索引

＊若項目內容橫跨數頁，則記載該篇內文開始的頁數

貓咪和人類的關係建立

性格

能力

飼養方式

餐點

身體

疾病

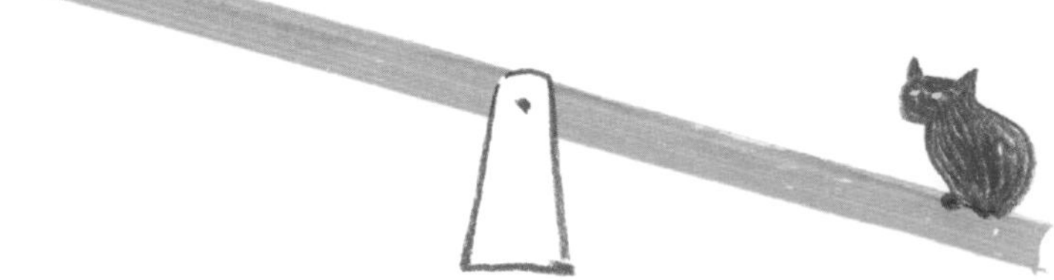

習性

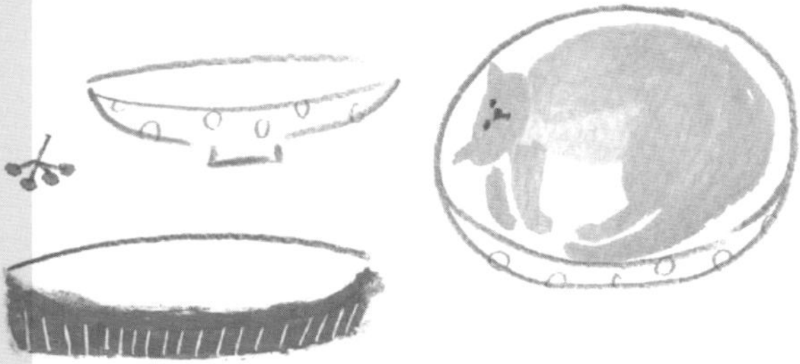

進化與絕種

跟獸醫、寵物店的來往方式

宿南 章 SYUKUNAMI AKIRA

獸醫師。1969年生於兵庫縣。日本大學農獸醫學部（現為生物資源科學部）獸醫學科畢業。

注意到演化生物學和心理學互有關聯後，深入閱讀並研究阿德勒、榮格、佛洛伊德等1000餘本心理學相關專業書籍。1992年成為阿德勒心理學會認證諮商師。
曾於橫濱的犬貓動物醫院服務，其後加入將美國CAM（Complementary and Alternative Medicine）引進日本的研究所；該所的醫治成績斐然，曾治癒連抗生素都不起效用的牛隻疾病等。與此同時，亦指導眾多運動員、職業運動選手，訓練方法搭配了阿德勒心理學及符合演化生物學的餐食等，為奧運奪牌寫下貢獻。目前往返國際之間，以演化生物學為本，持續研究、開發著寵物健康餐食。畢生目標是讓生態系邁向健全。曾將整個馬蜂巢裝進盒裡，放在家中飼養，從收容貓頭鷹到秋田犬等，至今已養過兩千多隻動物。包含收容貓隻在內，曾養過二十多隻貓咪。
英國The Royal Society for the Protection of Birds會員。日本導盲犬協會會員、野生動物救護獸醫師協會正式會員。

TAMURARIE Riepoyonn

現居於神奈川縣的愛貓人士。因邂逅如今已在天國、畢生最愛的貓咪蜜柑，而開始現居於神奈川縣的愛貓人士。因邂逅已在天國、畢生最愛的貓咪蜜柑，而開始經營Instagram帳號，廣受全球愛貓人士喜愛。目前將收容所內的三兄妹SORA、雙胞胎AMERI與KANURE迎入家中，每天都帶著滿滿愛意，持續替三隻貓拍攝照片。

@Riepoyonn
@SoraAmeCane
Ameba blog https://ameblo.jp/amecanesora/

SORA

男孩。4歲。收容貓隻。溫柔又穩重的貓哥哥。特殊技能是翻筋斗。

AMERI

女孩。1歲。收容貓隻。跟KANURE是雙胞胎。嫻靜而懂得觀察氣氛。特殊技能是跳高高。

KANURE

男孩。1歲。收容貓隻。幾乎可以說是「超」愛撒嬌。我行我素。特殊技能是舔蜜柑。

每天吸點貓德勒：

獻給為人際關係苦惱的你，最強最萌的心靈養護術

作　　者／宿南 章
攝　　影／ Riepoyonn
翻　　譯／蕭辰倢
主　　編／林巧涵
責任企劃／倪瑞廷
美術設計／白馥萌、黃珮瑜
內頁排版／唯翔工作室

第五編輯部總監／梁芳春
董事長／趙政岷
出版者／時報文化出版企業股份有限公司
108019 台北市和平西路三段 240 號 7 樓
發行專線／（02）2306-6842
讀者服務專線／ 0800-231-705、（02）2304-7103
讀者服務傳真／（02）2304-6858
郵撥／ 1934-4724 時報文化出版公司　信箱／一〇八九九臺北華江橋郵局第九九信箱
時報悅讀網／ www.readingtimes.com.tw　電子郵件信箱／ books@readingtimes.com.tw
法律顧問／理律法律事務所　陳長文律師、李念祖律師
印　　刷／和楹印刷有限公司
初版一刷／ 2021 年 2 月 19 日
定　　價／新台幣 320 元

ISBN 978-957-13-8595-2 | Printed in Taiwan |

時報文化出版公司成立於一九七五年，並於一九九九年股票上櫃公開發行，
於二〇〇八年脫離中時集團非屬旺中，以「尊重智慧與創意的文化事業」為信念。

「ニャンと簡単に身につく！心が休まる「アドラー心理学」」（宿南章（著）, Riepoyonn（写真））
NYANTO KANTANNI MINITSUKU! KOKOROGA YASUMAR「ADLER SHINRIGAKU」

Original Japanese edition published by Bunkyosha Co., Ltd. Tokyo, Japan
Traditional Chinese edition published by arrangement with Bunkyosha Co., Ltd.
through Japan Creative Agency Inc., Tokyo

每天吸點貓德勒：獻給為人際關係苦惱的你，最強最萌的心靈養護術/宿南章作. -- 初版. -
臺北市：時報文化出版企業股份有限公司, 2021.02　ISBN 978-957-13-8595-2（平裝）
1.阿德勒(Adler, Alfred, 1870-1937) 2.精神分析學 3.貓　175.7　110000524

宿南章

每天吸點貓德勒

Adler&cat Psychology